AF150456

Karl Theodor Wilhelm Weierstrass

Formeln und Lehrsätze zum Gebrauche der elliptischen Funktionen

Nach Vorlesungen und Aufzeichnungen des Herrn K. Weierstrass

Karl Theodor Wilhelm Weierstrass

Formeln und Lehrsätze zum Gebrauche der elliptischen Funktionen
Nach Vorlesungen und Aufzeichnungen des Herrn K. Weierstrass

ISBN/EAN: 9783743412910

Hergestellt in Europa, USA, Kanada, Australien, Japan

Cover: Foto ©berggeist007 / pixelio.de

Manufactured and distributed by brebook publishing software
(www.brebook.com)

Karl Theodor Wilhelm Weierstrass

Formeln und Lehrsätze zum Gebrauche der elliptischen Funktionen

Formeln und Lehrsätze

zum Gebrauche

der elliptischen Functionen.

Nach Vorlesungen und Aufzeichnungen des Herrn

K. Weierstrass

bearbeitet und herausgegeben

von

H. A. Schwarz.

Zweite Ausgabe.

Erste Abtheilung.

(Enthaltend Bogen 1—12.)

Berlin.
Verlag von Julius Springer.
1893.

Dieterichsche Universitäts-Buchdruckerei
W. Fr. Kaestner.
Göttingen.

Vorwort.

Durch die Bearbeitung und die Herausgabe der vorliegenden Sammlung von Formeln und Lehrsätzen glaube ich allen denen einen wesentlichen Dienst zu leisten, welche sich über die Theorie der elliptischen Functionen auf Grund der von Herrn Weierstrass in die Wissenschaft eingeführten Behandlungsweise unterrichten wollen; ebenso glaube ich denen zu nützen, welche von dieser Theorie Anwendung zu machen wünschen.

Die neuen Normalformen und die neuen Bezeichnungen werden, da sie neben grösstmöglicher Einfachheit in theoretischer Hinsicht den bisher bevorzugten Normalformen und den älteren Bezeichnungen gegenüber einen höheren Grad praktischer Brauchbarkeit besitzen, in vielen Abhandlungen und zusammenfassenden Werken über elliptische Functionen, sowohl des Inlandes wie des Auslandes, bereits in ausgedehntem Masse angewendet. Es ist zu erwarten, dass dies künftig in noch höherem Masse der Fall sein wird.

Bei der grossen Zahl der für die Theorie und für die Anwendungen der elliptischen Functionen in Betracht kommenden Formeln, aus denen die in jedem einzelnen Falle am meisten geeigneten, beispielsweise die für die Ausführung numerischer Rechnungen zweckmässigsten, ausgewählt werden müssen, ist eine wohlgeordnete Sammlung zuverlässig richtiger Formeln aus dieser Theorie zur Zeit ein fast unentbehrliches Hülfsmittel für den Forscher. Aber auch dem Universitätslehrer, der die Theorie der elliptischen Functionen oder Anwendungen derselben zum Gegenstande seiner Vorlesungen macht, gewährt eine Formelsammlung, welche von den Studirenden während der Vorlesungen benutzt werden kann, bedeutende Erleichterung, da es bei Zugrundelegung einer solchen Sammlung sehr oft genügt, die Methode der Herleitung der einzelnen Formelsysteme anzugeben, ohne dass es nöthig ist, auf die Einzelheiten der Rechnung näher einzugehen oder sämmtliche Formeln vollständig zu entwickeln.

Diese Erwägungen haben mich zur Bearbeitung und zur Herausgabe der vorliegenden Sammlung veranlasst. Ausser Formeln und Lehrsätzen zum Gebrauche der elliptischen Functionen, welche sich auf die neuen Normalformen beziehen, enthält dieselbe in Rücksicht auf die Anforderungen des praktischen Bedürfnisses ein ausgedehntes System von Formeln, mit deren Hülfe der Uebergang von der alten zu der neuen Bezeichnungsweise ausgeführt werden kann.

Bei der Herstellung dieser Formelsammlung habe ich mich der thätigen Mitarbeit des Herrn Weierstrass zu erfreuen gehabt; kein Bogen der ersten Ausgabe ist ohne die Billigung desselben gedruckt worden.

Die meisten der aufgenommenen Formeln sind, wie schon auf dem Titel angegeben ist, Vorlesungen oder schriftlichen Aufzeichnungen des Herrn Weierstrass entnommen; einige Formeln aber sind mit Rücksicht auf das praktische Bedürfniss erst für diese Sammlung ausgearbeitet worden.

Die im Art. 15 (Seite 19) mitgetheilte Formel für die Function $\frac{\sigma(nu)}{\sigma^{nn}(u)}$ rührt von Herrn Kiepert her. (Journal für Mathematik, Bd. 76, Seite 31.)

Wenn es gelungen ist, in dieser Druckschrift einen hohen Grad der Correctheit und der Genauigkeit im Ausdrucke zu erreichen, so glaube ich dies hauptsächlich der eingehenden Kritik zuschreiben zu müssen, welche Herr Hettner meinem Entwurfe vor dem Drucke desselben hat zutheilwerden lassen, einer Kritik, für welche ich nicht genug danken kann. Ebenso verpflichtet mich die grosse Sorgfalt, mit der die Herren Hettner und von Mangoldt bei der Prüfung der Richtigkeit der Formeln mich unterstützt haben, zu besonderem Danke.

Die bis jetzt zu meiner Kenntniss gelangten bei der ersten Ausgabe übersehenen Fehler sind aus der auf den Seiten IX und X abgedruckten Zusammenstellung ersichtlich.

Die erste, zunächst für einen engeren Kreis von Mathematikern bestimmte Ausgabe dieser Formelsammlung war nach kurzer Zeit vergriffen. Die zweite

Ausgabe unterscheidet sich von der ersten durch manche Verbesserungen im Wortlaut und durch einige Aenderungen in den Bezeichnungen, von denen die folgenden hier besonders erwähnt werden mögen.

Zur Bezeichnung der Function $\frac{\sigma'(u)}{\sigma(u)}$ ist von der Abkürzung $\frac{\sigma'}{\sigma}(u)$ Gebrauch gemacht worden.

In den Artikeln 32 und 33 ist H_0, H_1, H_2, H_3 an die Stelle von h_0, h_1, h_2, h_3 gesetzt worden, um einer Verwechselung mit der Bedeutung, welche den Grössen h_1, h_2, h_3 in den Artikeln 45 und 46 beigelegt wird, vorzubeugen.

In der Tabelle des Art. 33, welche sich auf die sechs verschiedenen Fälle der Transformation ersten Grades bezieht, haben die in der ersten Ausgabe mit V und VI bezeichneten Fälle beziehlich die Ordnungsnummern VI und V erhalten.

Mit Rücksicht auf die im Art. 48 erklärten Grössen $\mathfrak{L}_{0,1}$, $\mathfrak{L}_{0,2}$, $\mathfrak{L}_{0,3}$, $\cdots$ erschien es nicht zweckmässig, die im Art. 40 der ersten Ausgabe den Bezeichnungen $\mathfrak{K}_1$, $\mathfrak{K}_2$, $\mathfrak{K}_3$, $\cdots$ beigelegte Bedeutung beizubehalten. Die im Art. 40 der zweiten Ausgabe erklärten Grössen $\mathfrak{K}$, $\mathfrak{K}_1$, $\mathfrak{K}_2$, $\cdots$ hängen von der Grösse k^2 ebenso ab, wie die entsprechenden mit $\mathfrak{L}_0$, $\mathfrak{L}_{0,1}$, $\mathfrak{L}_{0,2}$, $\cdots$ bezeichneten Grössen von der Grösse l^2.

Trotzdem dass bei der zweiten Ausgabe einige Formeln, die in der ersten nicht enthalten waren, hinzugefügt worden sind, hat es sich ermöglichen lassen, dass die Artikelnummern und Seitenzahlen der zweiten Ausgabe mit den entsprechenden der ersten Ausgabe durchgehends übereinstimmen.

Bei der Correctur der zweiten Ausgabe bin ich durch Herrn E. Ritter in dankenswerther Weise unterstützt worden.

Hinsichtlich der Schönheit der typographischen Wiedergabe der einzelnen, mitunter in hohem Grade zusammengesetzten Formeln sind die höchsten Anforderungen gestellt worden, in der Ueberzeugung, dass durch die Schönheit in typographischer Hinsicht die Uebersichtlichkeit vieler Formeln ausserordentlich gesteigert und damit der Nutzen der Sammlung erhöht wird. Als sachverständiger Beirath hat hierbei der Factor der hiesigen G. Reimerschen Buchdruckerei, Herr C. Barich, mir zur Seite gestanden.

Die Dieterichsche Universitäts-Buchdruckerei in Göttingen, aus der die gesammelten Werke von Gauss und einige Bände von Jacobi's gesammelten

Werken hervorgegangen sind, hat durch die typographische Ausstattung der vorliegenden zweiten Ausgabe einen neuen Beweis ihrer hervorragenden Leistungsfähigkeit geliefert.

Gleichzeitig mit dieser Ausgabe der Formelsammlung in deutscher Sprache erscheint, in dem Verlage von Gauthier-Villars et Fils, eine von Herrn Henri Padé besorgte Ausgabe in französischer Sprache.

Der ersten Abtheilung beabsichtige ich eine zweite folgen zu lassen, sobald meine Berufspflichten es mir gestatten werden, die begonnenen Vorarbeiten zu einer Fortsetzung und Beendigung dieser Sammlung zum Abschlusse zu bringen.

Berlin, im Mai 1893.

H. A. Schwarz.

Berichtigungen und Zusätze

zur ersten Ausgabe der

Formeln und Lehrsätze zum Gebrauche der elliptischen Functionen.

Seite 13, Zeile 3 von unten, Art. 12 (1.), ist zu lesen

$$(1.)\qquad \wp(u \pm v) = \wp u - \frac{1}{2}\frac{\partial}{\partial u}\left(\frac{\wp' u \mp \wp' v}{\wp u - \wp v}\right) = \wp v \mp \frac{1}{2}\frac{\partial}{\partial v}\left(\frac{\wp' u \mp \wp' v}{\wp u - \wp v}\right)$$

Seite 16, Zeile 3 von unten ist zu lesen

$-C_n$ statt C_n

Seite 43, Zeile 8 von oben, Art. 35 (4.), ist zu lesen

$$\vartheta_0(0) = 1 - 2h + 2h^4 - 2h^9 + \cdots$$

Seite 58 — 64.

Wenn die Grössen $-\frac{1}{\tau}$, $\frac{1}{2}\tau'$, $-\frac{1}{2\tau'}$ übereinstimmend mit der im Art. 47 und in den Gleichungen (10—17.), (25—32.) des Art. 46 angewendeten Bezeichnungsweise beziehlich mit

τ_1, τ_2, τ_3 bezeichnet werden, so stehen die Grössen h_1, h_2, h_3 und die Grössen l_1, l_2, l_3 zu den Grössen τ_1, τ_2, τ_3 in derselben Beziehung, wie die Grössen h, l zu der Grösse τ.

Seite 61, Zeile 1 von unten ist zu lesen

$-7h^{12} + \cdots$ statt $-7h^9 + \cdots$

Seite 75, Zeile 4 von unten

Statt t' ist zu lesen t.

Seite 75, Zeile 1 von unten

Statt t ist zu lesen t'.

Seite 81, Zeile 13 von unten ist zu lesen

liegenden statt liegende

Seite 82, Zeile 14 von oben ist zu lesen

$$\tau \,|\, 2+\tau, \qquad\qquad \tau \,\|\, 1+\frac{\tau}{1+2\tau},$$

Seite 85, Zeile 7 von unten ist hinzuzufügen

wobei die Summation über alle diejenigen Werthe des Index μ zu erstrecken ist, für welche die Grösse v_μ der Null nicht congruent ist,

Seite 90, Zeile 2 von oben, Art. 57 (2.)

$$(2.) \qquad J'(x_1, y_1)+J'(x_2, y_2) = J'(x_3, y_3)+\tfrac{1}{2}\,\frac{y_1-y_2}{x_1-x_2}.$$

Seite 96, Zeile 10 von unten ist zu lesen

mindestens ein statt ein primitives

Seite 96, Zeile 7 von unten ist zu lesen

Ein solches statt Dieses primitive

Berlin im Mai 1893.

Inhaltsverzeichniss.

Allgemeine Lehrsätze betreffend diejenigen analytischen Functionen, welche ein algebraisches Additionstheorem besitzen.

1.

Wenn eine analytische Function $\varphi(u)$ des Argumentes u die Eigenschaft besitzt, dass zwischen den zu je drei Werthen des Argumentes

$$u, \qquad v, \qquad u+v$$

gehörenden Functionswerthen

$$\varphi(u), \qquad \varphi(v), \qquad \varphi(u+v)$$

eine algebraische Gleichung besteht, deren Coefficienten von u und v unabhängig sind, so sagt man, dass für diese Function ein algebraisches Additionstheorem besteht, oder dass diese Function ein algebraisches Additionstheorem besitzt.

Jede analytische Function $\varphi(u)$, welche ein algebraisches Additionstheorem besitzt, hat die Eigenschaft, dass zwischen der Function und ihrer in Bezug auf das Argument u genommenen ersten Ableitung $\varphi'(u)$ eine algebraische Gleichung besteht, deren Coefficienten von dem Argumente u unabhängig sind.

Der Bereich des Argumentes einer solchen Function kann in jedem Falle auf alle endlichen Werthe ausgedehnt werden, ohne dass die Function aufhört, den Charakter einer algebraischen Function zu besitzen; denn jede analytische Function $\varphi(u)$, welche ein algebraisches Additionstheorem besitzt, ist Wurzel einer algebraischen Gleichung, deren Coefficienten eindeutige Functionen des Argumentes u sind und für alle endlichen Werthe desselben den Charakter rationaler Functionen besitzen. Es kann also das Argument dieser Functionen nur eine im Unendlichen liegende Grenzstelle haben.

Eine analytische Function $\varphi(u)$, für welche ein algebraisches Additionstheorem besteht, ist

entweder I., eine algebraische Function von u,

oder II., wenn mit ω eine passend gewählte Constante bezeichnet wird, eine algebraische Function der Exponentialfunction $e^{\frac{u\pi i}{\omega}}$,

oder III., eine algebraische Function einer Function $\wp u = s$, welche, wenn mit g_2 und g_3 zwei passend gewählte Constanten bezeichnet werden, durch die Differentialgleichung

$$\left(\frac{ds}{du}\right)^2 = 4s^3 - g_2 s - g_3$$

und die Bedingung $\wp(0) = \infty$ bestimmt werden kann.

Die beiden ersten Fälle sind als specielle Fälle im dritten enthalten: der erste, wenn g_2 und g_3 einzeln den Werth Null haben, der zweite, wenn $g_2^3 - 27g_3^2$ gleich Null ist.

2.

Unter den analytischen Functionen eines Argumentes u, welche ein algebraisches Additionstheorem besitzen, sind diejenigen ausgezeichnet, welche für alle endlichen Werthe des Argumentes den Charakter ganzer oder gebrochener rationaler Functionen haben, welche daher eindeutige Functionen ihres unbeschränkt veränderlichen Argumentes sind.

Alle eindeutigen analytischen Functionen $\varphi(u)$, welche ein algebraisches Additionstheorem besitzen, haben die Eigenschaft, dass $\varphi(u+v)$ rational ausdrückbar ist durch die Werthe $\varphi(u)$, $\varphi(v)$ und die Werthe der ersten Ableitungen $\varphi'(u)$, $\varphi'(v)$.

Wenn eine analytische Function $\varphi(u)$ die Eigenschaft besitzt, dass $\varphi(u+v)$ rational ausdrückbar ist durch $\varphi(u)$, $\varphi(v)$, $\varphi'(u)$, $\varphi'(v)$, so ist diese Function eine eindeutige Function ihres unbeschränkt veränderlichen Argumentes, welche für alle endlichen Werthe desselben den Charakter einer ganzen oder gebrochenen rationalen Function hat.

Es gilt auch der Satz: Wenn eine eindeutige analytische Function $\varphi(u)$ die Eigenschaft hat, dass zwischen der Function und ihrer ersten Ableitung $\varphi'(u)$ eine algebraische Gleichung besteht, deren Coefficienten von dem Argumente nicht abhängen, so besitzt diese Function ein algebraisches Additionstheorem.

Eine eindeutige analytische Function φu, welche ein algebraisches Additionstheorem besitzt, ist

entweder I., eine rationale Function von u,

oder II., eine rationale Function einer Exponentialfunction $e^{\frac{u\pi i}{\omega}}$,

oder III., eine rationale Function einer Function $\wp u$ und ihrer ersten Ableitung $\wp' u$.

Die beiden ersten Fälle sind wiederum als specielle Fälle im dritten enthalten.

3.

Jede transcendente eindeutige analytische Function, welche ein algebraisches Additionstheorem besitzt, ist nothwendig eine periodische, und zwar entweder eine einfach periodische oder eine doppelt periodische Function.

1. Wenn alle Perioden des Argumentes der Function als positive oder negative ganzzahlige Vielfache einer und derselben Periode 2ω dargestellt werden können, so heisst die Function einfach periodisch. Die Grösse 2ω heisst primitive Periode.

2. Wenn eine periodische eindeutige analytische Function nicht im erklärten Sinne einfach periodisch ist und wenn dieselbe sich nicht auf eine Constante reducirt, so ist es auf unendlich mannigfaltige Weise möglich, zwei Perioden 2ω und $2\omega'$ des Argumentes der Function derart auszuwählen, dass alle übrigen Perioden durch Addition und Subtraction aus diesen beiden zusammengesetzt werden können. In diesem Falle wird die Function doppelt periodisch genannt und jedes System von zwei Perioden 2ω, $2\omega'$, welche die angegebene Eigenschaft haben, heisst ein primitives Periodenpaar.

Der imaginäre Bestandtheil des aus den zwei Perioden $2\omega'$ und 2ω eines primitiven Periodenpaares $(2\omega, 2\omega')$ gebildeten Quotienten $\frac{\omega'}{\omega} = \tau$ ist stets von Null verschieden und zwar kann vorausgesetzt werden, ohne dass die Allgemeinheit der Untersuchung hierdurch wesentlich beschränkt wird, dass der reelle Bestandtheil des Quotienten $\frac{\omega'}{\omega i}$, welcher in der Folge durch $\Re\left(\frac{\omega'}{\omega i}\right)$ bezeichnet werden soll, einen positiven Werth hat.

Zwei Periodenpaare $(2\omega, 2\omega')$ und $(2\bar{\omega}, 2\bar{\omega}')$ sollen aequivalent genannt werden, wenn die Gesammtheit aller derjenigen Grössen, welche durch Addition und Subtraction ganzzahlig aus den Perioden des einen Paares gebildet sind, übereinstimmt mit der Gesammtheit aller auf analoge Weise aus den Perioden des anderen Paares gebildeten Grössen.

Damit zwei Periodenpaare $(2\omega, 2\omega')$ und $(2\bar{\omega}, 2\bar{\omega}')$ aequivalent seien, ist nothwendig und hinreichend, dass zwischen den Perioden beider Paare Gleichungen von der Form

$$2\bar{\omega} = 2p\omega + 2q\omega', \qquad 2\bar{\omega}' = 2p'\omega + 2q'\omega'$$

bestehen, in welchen p, q, p', q' ganze positive oder negative der Bedingung

$$pq' - qp' = \pm 1$$

genügende Zahlen, einschliesslich der Null, bedeuten.

Die beiden Grössen

$$\Re\left(\frac{\bar{\omega}'}{\bar{\omega} i}\right) \quad \text{und} \quad (pq' - qp')\,\Re\left(\frac{\omega'}{\omega i}\right)$$

haben dasselbe Vorzeichen.

Durch geeignete Bestimmung der Zahlen p, q, p', q' kann stets erreicht werden, dass, wenn $\Re\left(\frac{\bar{\omega}'}{\bar{\omega}}\right) = \alpha$, $\Re\left(\frac{\bar{\omega}'}{\bar{\omega} i}\right) = \beta$ gesetzt wird,

$$\alpha^2 + \beta^2 \geqq 1, \qquad -\tfrac{1}{2} \leq \alpha \leqq \tfrac{1}{2}.$$

4.

Der allgemeinste Fall der eindeutigen analytischen Functionen, für welche ein algebraisches Additionstheorem besteht, wird gebildet von den eindeutigen doppelt periodischen Functionen, welche für alle endlichen Werthe des Argumentes den Charakter rationaler Functionen besitzen, deren Argument also nur eine im Unendlichen liegende wesentlich singuläre Stelle hat. Diese Functionen werden im weiteren Sinne elliptische Functionen genannt.

Wenn in dem Folgenden von einer elliptischen Function die Rede ist, so ist stillschweigend immer eine eindeutige elliptische Function gemeint.

Ist $(2\omega, 2\omega')$ ein primitives Periodenpaar des Argumentes einer elliptischen Function, so sind alle Perioden des Argumentes dieser Function in der Formel $w = 2\mu\omega + 2\mu'\omega'$ enthalten, in welcher jeder der beiden Zahlen μ und μ' alle ganzzahligen positiven und negativen Werthe, Null eingeschlossen, beizulegen sind. Der Werth Null wird nur im uneigentlichen Sinne zu den Perioden gerechnet.

Zwei Werthe des Argumentes heissen congruent oder incongruent, jenachdem die Differenz derselben eine Periode ist oder nicht.

Ein Periodenparallelogramm des Argumentes u einer elliptischen Function, für welches $(2\omega, 2\omega')$ ein primitives Periodenpaar ist, wird analytisch definirt durch die Gesammtheit aller Werthe, welche in der Formel

$$u = u_0 + 2t\omega + 2t'\omega'$$

enthalten sind, falls jeder der beiden veränderlichen Grössen t, t' alle reellen Werthe zwischen 0 und 1 (0 eingeschlossen, 1 ausgeschlossen) beigelegt werden.

Unter dem Grade einer elliptischen Function versteht man die Zahl, welche angibt, wie oft diese Function innerhalb eines Periodenparallelogramms unendlich gross wird; hierbei ist jede Stelle, an welcher die Function unendlich gross wird, so oft zu zählen, als die Ordnungszahl des Unendlichgrosswerdens an dieser Stelle anzeigt.

Es gibt keine elliptische Function ersten Grades.

Die Function σu.

5.

Die einfachste analytische Function, welche für alle endlichen Werthe des Argumentes u den Charakter einer ganzen Function besitzt und die Eigenschaft hat, für $u = 0$ sowie für alle diesem Werthe congruenten Werthe $w = 2\mu\omega + 2\mu'\omega'$ von der ersten Ordnung unendlich klein zu werden, ist die zu dem Periodenpaare $(2\omega, 2\omega')$ gehörende Sigmafunction $\sigma(u \mid \omega, \omega') = \sigma u$. Diese Function wird gegeben durch die Formel

$$(1.) \qquad \sigma u = u \prod\nolimits_w' \left(1 - \frac{u}{w}\right) e^{\frac{u}{w} + \frac{1}{2}\frac{u^2}{w^2}}, \qquad \left\{\begin{array}{c} \mu, \mu' = 0, \pm 1, \pm 2, \pm 3, \cdots \pm \infty \\ w = 2\mu\omega + 2\mu'\omega' \\ \text{ausgenommen } w = 0 \end{array}\right\}$$

in welcher der Grösse w bei der Bildung des unendlichen Productes alle in dem Ausdrucke $2\mu\omega + 2\mu'\omega'$ enthaltenen Werthe, mit Ausnahme*) des Werthes $w = 0$, beizulegen sind. Hierbei wird, wie stets in dem Folgenden, vorausgesetzt, dass der reelle Bestandtheil der Grösse $\frac{\omega'}{\omega i}$ einen von Null verschiedenen und zwar positiven Werth hat.

*) An diese Ausnahme wird in den bezüglichen Formeln durch einen dem Product- oder Summenzeichen folgenden Accent (') erinnert.

Aus der obigen Definition ergibt sich, dass $\sigma(-u) = -\sigma u$ ist: die Function σu ist daher eine ungrade Function des Argumentes u.

Es bestehen ferner die Gleichungen

$$\sigma(0) = 0, \quad \sigma'(0) = 1, \quad \sigma''(0) = 0, \quad \sigma'''(0) = 0. \tag{2.}$$

Die Function σu ist durch eine nach Potenzen der Grösse u mit ganzzahligen positiven Exponenten fortschreitende Reihe darstellbar, welche für alle endlichen Werthe von u convergent ist.

Die Coefficienten der einzelnen Glieder dieser Reihe sind ganze Functionen zweier Grössen g_2 und g_3, welche durch die Gleichungen

$$g_2 = 2^2 \cdot 3 \cdot 5 \cdot \sum\nolimits_w' \frac{1}{w^4}, \qquad g_3 = 2^2 \cdot 5 \cdot 7 \cdot \sum\nolimits_w' \frac{1}{w^6} \tag{3.}$$

bestimmt sind. Auch in diesen Gleichungen sind der Grösse w alle in dem Ausdrucke $2\mu\omega + 2\mu'\omega'$ enthaltenen Werthe, mit Ausnahme des Werthes $w = 0$, beizulegen.

Die Grössen g_2, g_3 heissen die zu der betrachteten σ-Function

$$\sigma u = \sigma(u \mid \omega, \omega') = \sigma(u; g_2, g_3) \tag{4.}$$

gehörenden Invarianten.

Wird mit m irgend eine von Null verschiedene reelle oder complexe Grösse bezeichnet, so besteht die Gleichung

$$\sigma(u \mid \omega, \omega') = \sigma(u; g_2, g_3) = m\sigma\left(\frac{u}{m} \,\Big|\, \frac{\omega}{m}, \frac{\omega'}{m}\right) = m\sigma\left(\frac{u}{m}; m^4 g_2, m^6 g_3\right). \tag{5.}$$

Für alle endlichen Werthe des Argumentes u und der Invarianten g_2 und g_3 besitzt die Function $\sigma(u; g_2, g_3)$ als Function der drei unbeschränkt veränderlichen Grössen u, g_2, g_3 betrachtet den Charakter einer ganzen Function.

Es ergibt sich

$$\sigma u = u - \frac{g_2 u^5}{2^4 \cdot 3 \cdot 5} - \frac{g_3 u^7}{2^3 \cdot 3 \cdot 5 \cdot 7} - \frac{g_2^2 u^9}{2^9 \cdot 3^2 \cdot 5 \cdot 7} - \frac{g_2 g_3 u^{11}}{2^7 \cdot 3^2 \cdot 5^2 \cdot 7 \cdot 11} - \cdots \tag{6.}$$

Die Function $\sigma(u; g_2, g_3)$ genügt der partiellen Differentialgleichung

$$\frac{\partial^2 \sigma}{\partial u^2} = 12 g_3 \frac{\partial \sigma}{\partial g_2} + \frac{2}{3} g_2^2 \frac{\partial \sigma}{\partial g_3} - \frac{1}{12} g_2 u^2 \sigma, \tag{7.}$$

aus welcher sich, wenn

$$\sigma u = \sum\nolimits_{m,n} a_{m,n} \left(\tfrac{1}{2} g_2\right)^m (2g_3)^n \frac{u^{4m+6n+1}}{(4m+6n+1)!} \qquad (m, n = 0, 1, 2, 3, \cdots \infty) \tag{8.}$$

gesetzt wird, zur Berechnung der ganzzahligen Coefficienten $a_{m,n}$ die Recursionsformel

$$(9.)\quad a_{m,n} = 3(m+1)\,a_{m+1,n-1} + \frac{16}{3}(n+1)\,a_{m-2,n+1} - \frac{1}{3}(2m+3n-1)(4m+6n-1)\,a_{m-1,n}$$

ergibt. Dem Coefficienten $a_{0,0}$ ist der Werth 1, dagegen denjenigen Coefficienten, für welche einer der beiden Indices einen negativen Werth erhält, der Werth 0 beizulegen.

Die Werthe der Coefficienten $a_{m,n}$, für welche die Summe $4m+6n+1$ die Zahl 35 nicht überschreitet, sind in folgender Tabelle enthalten.

$u^{4m+6n+1}$	m	n	$a_{m,n}$
u^1	0	0	+1
u^5	1	0	−1
u^7	0	1	−3
u^9	2	0	−9
u^{11}	1	1	−18
u^{13}	0	2	−54
	3	0	+69
u^{15}	2	1	+513
u^{17}	4	0	+321
	1	2	+4968
u^{19}	0	3	+14904
	3	1	+33588
u^{21}	2	2	+257580
	5	0	+160839
u^{23}	1	3	+502200
	4	1	+2808945
u^{25}	0	4	+1506600
	3	2	+20019960
	6	0	+1416951
u^{27}	2	3	+162100440
	5	1	−41843142
u^{29}	1	4	+796330440
	4	2	−376375410
	7	0	−388946691
u^{31}	0	5	+2388991320
	3	3	−9465715080
	6	1	−6519779667
u^{33}	2	4	−144916218720
	5	2	−210469286736
	8	0	+25514578881
u^{35}	1	5	−128995978464 0
	4	3	−458261944632 0
	7	1	−485174610648

Darstellung der Function σu durch einfach unendliche Producte.

6.

Für unendlich grosse Werthe von $\Re\left(\frac{\omega'}{\omega i}\right)$ ergibt sich

$$(1.)\qquad \sigma u = e^{\frac{1}{6}\left(\frac{u\pi}{2\omega}\right)^2}\cdot\frac{2\omega}{\pi}\sin\frac{u\pi}{2\omega},$$

denn es besteht, wenn bei der Bildung der unendlichen Producte Π_n der Zahl n alle ganzzahligen positiven Werthe beigelegt werden*), die Gleichung

*) Dieselbe Bedingung gilt für alle im Folgenden vorkommenden Producte Π_n und Summen Σ_n.

$$(2.)\qquad \sin\left(\frac{u\pi}{2\omega}\right) = \frac{\pi}{2\omega}\,u\prod_n\left(1-\frac{u}{2n\omega}\right)e^{\frac{u}{2n\omega}}\prod_n\left(1+\frac{u}{2n\omega}\right)e^{-\frac{u}{2n\omega}}.$$

Mittelst der Function Sinus kann die Function σu auf verschiedene Weise als ein einfach unendliches Product dargestellt werden.

Zur Abkürzung soll im Folgenden von den Bezeichnungen

$$(3.)\qquad \frac{u}{2\omega} = v,\qquad e^{v\pi i} = z;\qquad \frac{\omega'}{\omega} = \tau,\qquad e^{\tau\pi i} = h$$

Gebrauch gemacht werden, wobei festgesetzt wird, dass der Potenz h^m für jeden Werth des Exponenten m stets der Werth $e^{m\tau\pi i}$ beigelegt werden soll. In Folge der bezüglich des Vorzeichens der Grösse $\Re\left(\frac{\omega'}{\omega i}\right)$ getroffenen Festsetzung ist der reelle Bestandtheil der Grösse $\tau\pi i$ negativ; der absolute Betrag der Grösse h ist also kleiner als 1.

Unter Benutzung dieser Bezeichnungen ergibt sich

$$(4.)\qquad \sigma u = \frac{2\omega}{\pi}\sin v\pi\cdot e^{\frac{1}{6}v^2\pi^2}\prod_n\left\{\frac{\sin(n\tau-v)\pi\cdot\sin(n\tau+v)\pi}{\sin^2 n\tau\pi}\,e^{\frac{v^2\pi^2}{\sin^2 n\tau\pi}}\right\}$$

und, wenn mit η die Grösse

$$(5.)\qquad \eta = \frac{\pi^2}{2\omega}\left\{\frac{1}{6}+\sum_n\frac{1}{\sin^2 n\tau\pi}\right\}$$

bezeichnet wird,

$$(6.)\qquad \sigma u = e^{2\eta\omega v^2}\cdot\frac{2\omega}{\pi}\sin v\pi\prod_n\left(1-\frac{\sin^2 v\pi}{\sin^2 n\tau\pi}\right).$$

Ferner ergeben sich die Gleichungen

$$(7.)\qquad \sigma u = e^{2\eta\omega v^2}\cdot\frac{2\omega}{\pi}\sin v\pi\prod_n\frac{\sin(n\tau-v)\pi}{\sin n\tau\pi}\,e^{-v\pi i}\prod_n\frac{\sin(n\tau+v)\pi}{\sin n\tau\pi}\,e^{v\pi i}$$

$$(8.)\qquad = e^{2\eta\omega v^2}\cdot\frac{2\omega}{\pi}\cdot\frac{z-z^{-1}}{2i}\prod_n\frac{1-h^{2n}z^{-2}}{1-h^{2n}}\prod_n\frac{1-h^{2n}z^{2}}{1-h^{2n}}$$

$$(9.)\qquad = e^{2\eta\omega v^2}\cdot\frac{2\omega}{\pi}\cdot\sin v\pi\prod_n\frac{1-2h^{2n}\cos 2v\pi+h^{4n}}{(1-h^{2n})^2}.$$

$$(10.)\qquad 2\eta\omega = \pi^2\left\{\frac{1}{6}-\sum_n\frac{4h^{2n}}{(1-h^{2n})^2}\right\}.$$

Aenderung des Argumentes der Function σu um eine Periode.

7.

Zwischen σu und $\sigma(u+2\omega)$ besteht die Gleichung

(1.) $$\sigma(u\pm 2\omega) = -e^{\pm 2\eta(u\pm\omega)}\sigma(u),$$ aus welcher sich $\eta = \frac{\sigma'(\omega)}{\sigma(\omega)}$

ergibt. Bei der Vertauschung des Periodenpaares $(2\omega, 2\omega')$ mit dem Periodenpaar $(2\omega', -2\omega)$ bleibt die Function σu ungeändert und es ergibt sich in Folge dessen analog den obigen Gleichungen

(2.) $$\sigma(u\pm 2\omega') = -e^{\pm 2\eta'(u\pm\omega')}\sigma(u), \qquad \eta' = \frac{\sigma'(\omega')}{\sigma(\omega')}.$$

Für die Aenderung des Argumentes um eine beliebige Periode gilt die Gleichung

(3.) $$\sigma(u+2p\omega+2q\omega') = (-1)^{pq+p+q}e^{2(p\eta+q\eta')(u+p\omega+q\omega')}\sigma(u),$$

oder, wenn $p\omega+q\omega' = \bar\omega$, $p\eta+q\eta' = \bar\eta$ gesetzt wird,

(4.) $$\sigma(u+2\bar\omega) = \mp e^{2\bar\eta(u+\bar\omega)}\sigma(u),$$

wo das obere oder das untere Vorzeichen gilt, jenachdem die Grösse $\sigma(\bar\omega)$ einen von Null verschiedenen Werth hat oder gleich Null ist.

Zwischen den vier Grössen ω, ω', η, η' besteht die Relation

(5.) $$\eta\omega'-\omega\eta' = +\tfrac{1}{2}\pi i,$$ wenn $\Re\left(\frac{\omega'}{\omega i}\right)$ einen positiven Werth hat;

dagegen ist

(5*) $$\eta\omega'-\omega\eta' = -\tfrac{1}{2}\pi i,$$ wenn, entgegen der getroffenen Voraussetzung, $\Re\left(\frac{\omega'}{\omega i}\right)$ einen negativen Werth hat.

Die Function $\frac{\sigma'}{\sigma}(u)$.

8.

Für die Function $\frac{d}{du}\log\sigma(u) = \frac{\sigma'(u)}{\sigma(u)}$, welche zur Vereinfachung mit $\frac{\sigma'}{\sigma}(u)$ bezeichnet werden möge, gelten die Gleichungen

(1.) $$\frac{\sigma'}{\sigma}(u\pm 2\omega) = \frac{\sigma'}{\sigma}(u)\pm 2\eta, \quad \frac{\sigma'}{\sigma}(u\pm 2\omega') = \frac{\sigma'}{\sigma}(u)\pm 2\eta', \quad \frac{\sigma'}{\sigma}(u\pm 2\bar\omega) = \frac{\sigma'}{\sigma}(u)\pm 2\bar\eta.$$

Wenn $\omega + \omega' = \omega''$, $\eta_1 + \eta_1' = \eta_1''$ gesetzt wird, so ergibt sich

(2.) $$\frac{\sigma'}{\sigma}(\omega) = \eta_1; \qquad \frac{\sigma'}{\sigma}(\omega') = \eta_1', \qquad \frac{\sigma'}{\sigma}(\omega'') = \eta_1''.$$

Für die Umgebung des Werthes $u = 0$ gilt die Reihenentwickelung

(3.) $$\frac{\sigma'}{\sigma}(u) = \frac{1}{u} + \cdot - \frac{g_2}{2^2 \cdot 3 \cdot 5} u^3 - \frac{g_3}{2^2 \cdot 5 \cdot 7} u^5 - \frac{g_2^2}{2^4 \cdot 3 \cdot 5^2 \cdot 7} u^7 - \frac{g_2 g_3}{2^4 \cdot 3 \cdot 5 \cdot 7 \cdot 11} u^9 - \cdots,$$

während die Ausdrücke

(4.) $$\frac{\sigma'}{\sigma}(u) = \frac{1}{u} + \sum_w{}' \left(\frac{1}{u - w} + \frac{1}{w} + \frac{u}{w^2} \right) \qquad \left(\begin{array}{c} w = 2\mu\omega + 2\mu'\omega' \\ \text{ausgenommen } w = 0 \end{array} \right)$$

(5.) $$= \frac{\eta_1}{\omega} u + \frac{\pi}{2\omega} \left\{ \operatorname{cotg} \frac{u\pi}{2\omega} + \sum_n \left(\operatorname{cotg} \frac{\pi}{2\omega} (u - 2n\omega') - i \right) + \sum_n \left(\operatorname{cotg} \frac{\pi}{2\omega} (u + 2n\omega') + i \right) \right\}$$

(6.) $$= \frac{\eta_1}{\omega} u + \frac{\pi i}{2\omega} \left\{ \frac{z + z^{-1}}{z - z^{-1}} + \sum_n \frac{2 h^{2n} z^{-2}}{1 - h^{2n} z^{-2}} - \sum_n \frac{2 h^{2n} z^2}{1 - h^{2n} z^2} \right\}$$

für alle endlichen Werthe des Argumentes u Geltung haben.

Die Function $\wp u$.

9.

Mit der Sigma-Function σu ist die Pe-Function $\wp u = \wp(u \mid \omega, \omega') = \wp(u; g_2, g_3)$ durch die Gleichung

(1.) $$\wp u = -\frac{d^2}{du^2} \log \sigma u = \frac{(\sigma' u)^2 - \sigma u \, \sigma'' u}{\sigma^2 u}$$

verbunden. Es ergibt sich daher $\wp(-u) = \wp(u)$. Ferner bestehen die Gleichungen

(2.) $$\wp u = \frac{1}{u^2} + \sum_w{}' \left(\frac{1}{(u - w)^2} - \frac{1}{w^2} \right) \qquad \left(\begin{array}{c} w = 2\mu\omega + 2\mu'\omega' \\ \text{ausgenommen } w = 0 \end{array} \right)$$

(3.) $$= -\frac{\eta_1}{\omega} + \left(\frac{\pi}{2\omega} \right)^2 \left\{ \frac{1}{\sin^2 \left(\frac{u\pi}{2\omega} \right)} + \sum_n \frac{1}{\sin^2 \frac{\pi}{2\omega} (u - 2n\omega')} + \sum_n \frac{1}{\sin^2 \frac{\pi}{2\omega} (u + 2n\omega')} \right\}$$

(4.) $$= -\frac{\eta_1}{\omega} - \left(\frac{\pi}{\omega} \right)^2 \left\{ \frac{1}{(z - z^{-1})^2} + \sum_n \frac{h^{2n} z^{-2}}{(1 - h^{2n} z^{-2})^2} + \sum_n \frac{h^{2n} z^2}{(1 - h^{2n} z^2)^2} \right\}.$$

(5.) $$\wp(u \mid \omega, \omega') = \wp(u; g_2, g_3) = \frac{1}{m^2} \wp\left(\frac{u}{m} \,\middle|\, \frac{\omega}{m}, \frac{\omega'}{m} \right) = \frac{1}{m^2} \wp\left(\frac{u}{m}; m^4 g_2, m^6 g_3 \right).$$

Für die Umgebung des Werthes $u = 0$ gilt die Reihenentwickelung

(6.) $$\wp u = \frac{1}{u^2} + \cdot + \frac{g_2}{2^2 \cdot 5} u^2 + \frac{g_3}{2^2 \cdot 7} u^4 + \frac{g_2^2}{2^4 \cdot 3 \cdot 5^2} u^6 + \frac{3 g_2 g_3}{2^4 \cdot 5 \cdot 7 \cdot 11} u^8 + \cdots$$

und zwar besteht, wenn

$$(7.)\qquad \wp u = \frac{1}{u^2} + \cdot + c_2 u^2 + c_3 u^4 + \cdots + c_\lambda u^{2\lambda-2} + \cdots$$

gesetzt wird und λ grösser als 3 ist, die Recursionsformel

$$(8.)\qquad c_\lambda = \frac{3}{(2\lambda+1)(\lambda-3)} \sum\nolimits_\nu c_\nu c_{\lambda-\nu} \qquad (\nu = 2, 3, \cdots (\lambda-2)).$$

Die Function $\wp u$ ist eine doppelt periodische Function, für deren Argument $(2\omega, 2\omega')$ ein primitives Periodenpaar ist; dieselbe wird innerhalb jedes Periodenparallelogramms nur an der Stelle, welche dem Nullwerthe des Argumentes congruent ist, unendlich gross und zwar ist die Ordnungszahl des Unendlichgrosswerdens gleich 2.

Die Function $\wp u$ ist also eine elliptische Function zweiten Grades. In der für die Umgebung des Werthes $u = 0$ geltenden nach Potenzen des Argumentes fortschreitenden Reihenentwickelung der Function

$$(9.)\qquad \wp u = \frac{1}{u^2} + \cdot + \frac{g_2}{20} u^2 + \frac{g_3}{28} u^4 + \cdots$$

ist $\frac{1}{u^2}$ das einzige Glied mit negativem Exponenten, während das constante Glied dieser Entwickelung den Werth Null hat.

Durch die angegebenen Eigenschaften ist die Function $\wp u$ unzweideutig bestimmt. Unter allen doppelt periodischen Functionen überhaupt ist daher die Function $\wp u$ die möglichst einfache. Die Function $\wp u$ ist eine grade Function des Argumentes u.

Die erste Ableitung $\wp' u$ der Function $\wp u$ ist eine elliptische Function dritten Grades, welche nur für die dem Nullwerthe congruenten Werthe des Argumentes unendlich gross wird und eine ungrade Function desselben ist.

Es ergibt sich

$$(10.)\qquad \wp'(-u) = -\wp'(u),$$

$$(11.)\qquad \wp' u = -2\sum\nolimits_w \frac{1}{(u-w)^3}, \qquad (w = 2\mu\omega + 2\mu'\omega').$$

Aus der letzten Gleichung wird für $u = \omega, \omega', \omega''$ gefolgert

$$(12.)\qquad \wp'(\omega) = 0, \quad \wp'(\omega') = 0, \quad \wp'(\omega'') = 0.$$

Für die Umgebung des Werthes $u = 0$ gilt die Reihenentwickelung

$$(13.)\qquad \wp' u = -\frac{2}{u^3} + \cdot + \frac{g_2}{2\cdot 5} u + \frac{g_3}{7} u^3 + \frac{g_2^2}{2^3\cdot 5^2} u^5 + \frac{3 g_2 g_3}{2\cdot 5\cdot 7\cdot 11} u^7 + \cdots$$

Zwischen der Function $\wp u$ und ihrer ersten Ableitung $\wp' u$ besteht die Gleichung

$$(14.)\qquad (\wp' u)^2 = 4\wp^3 u - g_2 \wp u - g_3,$$

aus welcher sich

$$(15.)\qquad \wp'' u = 6\wp^2 u - \tfrac{1}{2} g_2, \quad \wp''' u = 12 \wp u \cdot \wp' u$$

ergibt. Alle Ableitungen der Function $\wp u$, deren Ordnungszahl grade ist, sind ganze Functionen von $\wp u$.

Die drei Grössen

$$(16.)\qquad \wp\omega = e_1, \quad \wp\omega'' = e_2, \quad \wp\omega' = e_3$$

sind von einander verschieden, wenn beide Perioden 2ω, $2\omega'$ des primitiven Periodenpaares endliche Werthe haben, und es ergibt sich

$$(17.)\qquad (\wp' u)^2 = 4(\wp u - \wp\omega)(\wp u - \wp\omega'')(\wp u - \wp\omega') = 4(\wp u - e_1)(\wp u - e_2)(\wp u - e_3).$$

Es bestehen daher die Gleichungen

$$(18.)\qquad \begin{gathered} e_1 + e_2 + e_3 = 0, \\ e_2 e_3 + e_3 e_1 + e_1 e_2 = -\tfrac{1}{2}(e_1^2 + e_2^2 + e_3^2) = -\tfrac{1}{4} g_2, \\ e_1 e_2 e_3 = \tfrac{1}{4} g_3. \end{gathered}$$

Die Grösse $(e_2 - e_3)^2 (e_3 - e_1)^2 (e_1 - e_2)^2 = \frac{1}{16}(g_2^3 - 27 g_3^2)$ möge mit G bezeichnet werden.

10.

Für den besonderen Fall, in welchem der reelle Bestandtheil der Grösse $\frac{\omega'}{\omega i}$ unendlich gross wird, während 2ω einen endlichen von Null verschiedenen Werth hat, werden die beiden Grössen e_2 und e_3 einander gleich. Unter dieser Voraussetzung ergeben sich folgende Gleichungen:

$$(1.)\qquad \wp u = \left(\frac{\pi}{2\omega}\right)^2 \frac{1}{\sin^2\left(\frac{u\pi}{2\omega}\right)} - \frac{1}{3}\left(\frac{\pi}{2\omega}\right)^2 = \frac{\frac{9g_3}{2g_2}}{\sin^2\left(\sqrt{\frac{9g_3}{2g_2}}\cdot u\right)} - \frac{3g_2}{2g_2}.$$

$$(2.)\qquad \left(\frac{\pi}{2\omega}\right)^2 = \frac{9g_3}{2g_2}, \quad e_1 = \frac{3g_3}{g_2}, \quad e_2 = e_3 = -\frac{3g_3}{2g_2}; \quad g_2^3 - 27 g_3^2 = 0,$$

$$(3.)\qquad \frac{\sigma'}{\sigma}(u) = \frac{\pi}{2\omega}\operatorname{cotg}\frac{u\pi}{2\omega} + \frac{1}{3}\left(\frac{\pi}{2\omega}\right)^2 u, \quad 2\eta\omega = \frac{\pi^2}{6}; \quad \sigma u = e^{\frac{1}{6}\left(\frac{u\pi}{2\omega}\right)^2} \cdot \frac{2\omega}{\pi}\sin\frac{u\pi}{2\omega}.$$

Wenn endlich sowohl 2ω, als auch $2\omega'$ unendlich grosse Werthe annimmt, während $\lim \Re\left(\frac{\omega'}{\omega i}\right)$ von Null verschieden ist, so werden alle drei Grössen e_1, e_2, e_3 einander gleich und es ergibt sich

$$(4.)\quad \wp u = \frac{1}{u^2},\quad \frac{\sigma'}{\sigma}(u) = \frac{1}{u},\quad \sigma u = u;\quad e_1 = e_2 = e_3 = 0,\quad g_2 = 0,\quad g_3 = 0.$$

Additionstheorem der Function $\frac{\sigma'}{\sigma}u$.

11.

Zwischen der Function $\wp u$ und der Function σu besteht die Gleichung

$$(1.)\qquad \wp u - \wp v = -\frac{\sigma(u+v)\,\sigma(u-v)}{\sigma^2 u\,\sigma^2 v}.$$

Aus derselben ergibt sich durch logarithmische Differentiation

$$(2.)\qquad \frac{\sigma'}{\sigma}(u+v) + \frac{\sigma'}{\sigma}(u-v) - 2\frac{\sigma'}{\sigma}(u) = \frac{\wp' u}{\wp u - \wp v},$$

$$(3.)\qquad \frac{\sigma'}{\sigma}(u+v) - \frac{\sigma'}{\sigma}(u-v) - 2\frac{\sigma'}{\sigma}(v) = \frac{-\wp' v}{\wp u - \wp v}.$$

Folglich besteht das Additionstheorem

$$(4.)\qquad \frac{\sigma'}{\sigma}(u+v) = \frac{\sigma'}{\sigma}(u) + \frac{\sigma'}{\sigma}(v) + \frac{1}{2}\,\frac{\wp' u - \wp' v}{\wp u - \wp v};$$

$$(5.)\qquad \frac{\sigma'}{\sigma}(u-v) = \frac{\sigma'}{\sigma}(u) - \frac{\sigma'}{\sigma}(v) + \frac{1}{2}\,\frac{\wp' u + \wp' v}{\wp u - \wp v}.$$

Additionstheorem der Function $\wp u$.

12.

Durch Differentiation ergibt sich aus dem Additionstheorem der Function $\frac{\sigma'}{\sigma}(u)$ das Additionstheorem der Function $\wp u$

$$(1.)\qquad \wp(u \pm v) = \wp u - \frac{1}{2}\,\frac{\partial}{\partial u}\left(\frac{\wp' u \mp \wp' v}{\wp u - \wp v}\right) = \wp v \mp \frac{1}{2}\,\frac{\partial}{\partial v}\left(\frac{\wp' u \mp \wp' v}{\wp u - \wp v}\right)$$

$$(2.)\qquad = \wp u + \frac{(6\wp^2 u - \frac{1}{2} g_2)(\wp v - \wp u) + 4\wp^3 u - g_2 \wp u - g_3 \mp \wp' u\, \wp' v}{2(\wp u - \wp v)^2}$$

$$(3.)\qquad = \wp v + \frac{(6\wp^2 v - \frac{1}{2} g_2)(\wp u - \wp v) + 4\wp^3 v - g_2 \wp v - g_3 \mp \wp' u\, \wp' v}{2(\wp u - \wp v)^2},$$

$$(4.)\qquad \wp(u\pm v) = \frac{2(\wp u\,\wp v-\frac{1}{4}g_2)(\wp u+\wp v)-g_3\mp\wp' u\,\wp' v}{2(\wp u-\wp v)^2}$$

$$(5.)\qquad = \frac{1}{4}\left[\frac{\wp' u\mp\wp' v}{\wp u-\wp v}\right]^2-\wp u-\wp v.$$

Aus diesen Formeln erhält man die folgenden:

$$(6.)\qquad \frac{1}{\wp(u\pm v)} = \frac{2(\wp u\,\wp v-\frac{1}{4}g_2)(\wp u+\wp v)-g_3\pm\wp' u\,\wp' v}{2(\wp u\,\wp v+\frac{1}{4}g_2)^2+2g_3(\wp u+\wp v)}.$$

$$(7.)\qquad \wp(u+v)+\wp(u-v) = \frac{2(\wp u\,\wp v-\frac{1}{4}g_2)(\wp u+\wp v)-g_3}{(\wp u-\wp v)^2}$$

$$(8.)\qquad = 2\wp u-\frac{\partial^2}{\partial u^2}\log(\wp u-\wp v) = 2\wp v-\frac{\partial^2}{\partial v^2}\log(\wp u-\wp v),$$

$$(9.)\qquad \wp(u+v)-\wp(u-v) = -\frac{\wp' u\,\wp' v}{(\wp u-\wp v)^2} = -\frac{\partial^2}{\partial u\,\partial v}\log(\wp u-\wp v),$$

$$(10.)\qquad \wp(u+v)\cdot\wp(u-v) = \frac{(\wp u\,\wp v+\frac{1}{4}g_2)^2+g_3(\wp u+\wp v)}{(\wp u-\wp v)^2}.$$

$$(11.)\qquad \wp'(u\pm v) = \left(\frac{(\wp' v)^2}{(\wp v-\wp u)^3}-\frac{1}{2}\frac{\wp'' v}{(\wp v-\wp u)^2}\right)\wp' u\pm\left(\frac{(\wp' u)^2}{(\wp u-\wp v)^3}-\frac{1}{2}\frac{\wp'' u}{(\wp u-\wp v)^2}\right)\wp' v,$$

$$(12.)\qquad 4(\wp(u)+\wp(v)+\wp(u+v)) = \left(\frac{\wp' u-\wp' v}{\wp u-\wp v}\right)^2 = \left(\frac{\wp'(u+v)+\wp'(v)}{\wp(u+v)-\wp(v)}\right)^2.$$

$$(13.)\qquad \frac{\wp' u-\wp' v}{\wp u-\wp v} = \frac{-\wp'(u+v)-\wp'(v)}{\wp(u+v)-\wp(v)},$$

$$(14.)\qquad \begin{vmatrix} 1 & \wp u & \wp' u \\ 1 & \wp v & \wp' v \\ 1 & \wp(u+v) & -\wp'(u+v) \end{vmatrix} = 0.$$

$$(15.)\qquad \wp(2u) = \frac{(\wp^2 u+\frac{1}{4}g_2)^2+2g_3\wp u}{4\wp^3 u-g_2\wp u-g_3} = \wp u-\frac{1}{4}\frac{d^2}{du^2}\log\wp' u = \frac{1}{4}\left(\frac{d}{du}\log\wp' u\right)^2-2\wp u.$$

Durch Integration ergibt sich aus der letzten der vorstehenden Formeln

$$(16.)\qquad \begin{gathered} \frac{\sigma'}{\sigma}(2u) = 2\frac{\sigma'}{\sigma}(u)+\frac{1}{2}\frac{\wp'' u}{\wp' u}, \quad \frac{\sigma(2u)}{\sigma^4 u} = -\wp' u. \\ \sigma(2u) = \sigma^4 u\frac{d^3\log\sigma u}{du^3} = 2\sigma u(\sigma' u)^3-3\sigma^2 u\,\sigma' u\,\sigma'' u+\sigma^3 u\,\sigma''' u. \end{gathered}$$

Darstellung einer elliptischen Function beliebigen Grades durch die Functionen $\sigma(u|\omega,\omega')$ und $\wp(u|\omega,\omega')$.

13.

Wenn $\varphi(u)$ eine elliptische Function r^{ten} Grades, $(2\omega, 2\omega')$ ein Periodenpaar des Argumentes derselben und $\sigma(u)$ die zu diesem Periodenpaare gehörende Function $\sigma(u|\omega,\omega')$ bezeichnet, so ist es stets möglich, $2r+1$ Grössen

$$u_1, u_2, \cdots u_r;\quad v_1, v_2, \cdots v_r;\quad C$$

derart zu bestimmen, dass die Gleichung besteht

$$\varphi(u) = C\cdot\frac{\sigma(u-u_1)\sigma(u-u_2)\cdots\sigma(u-u_r)}{\sigma(u-v_1)\sigma(u-v_2)\cdots\sigma(u-v_r)}. \tag{1.}$$

Zwischen den Grössen $u_1, u_2, \cdots u_r$; $v_1, v_2, \cdots v_r$ findet hierbei die Beziehung statt

$$u_1+u_2+\cdots+u_r = v_1+v_2+\cdots+v_r. \tag{2.}$$

Dieser Satz lässt sich folgendermassen umkehren.

Wenn die Grössen $u_1, u_2, \cdots u_r$; $v_1, v_2, \cdots v_r$ die Gleichung (2.) befriedigen und wenn keine der Differenzen

$$u_\lambda - v_\mu \qquad (\lambda \lesseqgtr \mu,\quad \lambda, \mu = 1, 2, 3, \cdots r)$$

der Null congruent ist, so ist die durch die Gleichung (1.) bestimmte Function $\varphi(u)$ eine zu dem Periodenpaare $(2\omega, 2\omega')$ gehörende elliptische Function r^{ten} Grades.

Wenn von den r Grössen $u_1, u_2, \cdots u_r$, beziehungsweise $v_1, v_2, \cdots v_r$, keine zwei einander congruent sind, so sind alle Wurzeln der Gleichung $\varphi(u) = 0$, beziehungsweise $\varphi(u) = \infty$, einfache Wurzeln. Sind hingegen einige der Grössen $u_1, u_2, \cdots u_r$, oder einige der Grössen $v_1, v_2, \cdots v_r$, einander congruent, so sind die entsprechenden Wurzeln der Gleichung $\varphi(u) = 0$, beziehungsweise $\varphi(u) = \infty$, mehrfache Wurzeln.

14.

Wenn

$$u_0,\ u_1,\ u_2,\ \cdots u_n$$

$(n+1)$ von einander unabhängige und unbeschränkt veränderliche Grössen bezeichnen, so ist die Function

$$(1.)\qquad \varphi(u_0, u_1, u_2, \cdots u_n) = \begin{vmatrix} 1 & \wp(u_0) & \wp'(u_0) & \cdots & \wp^{(n-1)}(u_0) \\ 1 & \wp(u_1) & \wp'(u_1) & \cdots & \wp^{(n-1)}(u_1) \\ 1 & \wp(u_2) & \wp'(u_2) & & \wp^{(n-1)}(u_2) \\ . & . & . & & . \\ 1 & \wp(u_n) & \wp'(u_n) & & \wp^{(n-1)}(u_n) \end{vmatrix}$$

in Bezug auf jedes ihrer Argumente eine elliptische Function $(n+1)^{ten}$ Grades. Als Function von u_0 betrachtet wird dieselbe nur an der Stelle $u_0 = 0$ und den congruenten Stellen unendlich gross, dagegen für

$$u_0 = u_1,\ u_2,\ \cdots u_n,\ -(u_1+u_2+\cdots+u_n)$$

und die congruenten Stellen unendlich klein.

Es möge vorausgesetzt werden, dass von den Grössen

$$u_1,\ u_2,\ \cdots u_n,\quad u_1+u_2+\cdots+u_n$$

keine der Null congruent ist, ferner dass von den Grössen

$$u_1,\ u_2,\ \cdots u_n$$

keine zwei einander congruent sind.

Es ergibt sich zunächst

$$(2.)\quad \varphi(u_0, u_1, u_2, \cdots u_n) = C_n \cdot \frac{\sigma(u_0+u_1+u_2+\cdots+u_n)\,\sigma(u_0-u_1)\,\sigma(u_0-u_2)\cdots\sigma(u_0-u_n)}{\sigma^{n+1}(u_0)},$$

wo der Factor C_n nur von den Grössen $u_1, u_2, \cdots u_n$ abhängt.

Zur Bestimmung dieses Factors dient die Gleichung

$$C_n = (-1)^{n-1} n! \frac{\varphi(u_1, u_2, \cdots u_n)}{\sigma(u_1+u_2+\cdots+u_n)\,\sigma(u_1)\,\sigma(u_2)\cdots\sigma(u_n)}.$$

Wenn nun vorausgesetzt wird, dass keine der Summen

$$u_2+u_3+\cdots+u_n,\quad u_3+u_4+\cdots+u_n,\quad \qquad u_{n-1}+u_n$$

der Null congruent ist, so ergibt sich durch wiederholte Anwendung der angegebenen Formel

$$(3.)\quad \varphi(u_0, u_1, u_2, \cdots u_n) = (-1)^{\frac{1}{2}n(n-1)}\, 1!2!3!\cdots n!\, \frac{\sigma(u_0+u_1+u_2+\cdots+u_n)\prod_{\lambda,\mu}\sigma(u_\lambda-u_\mu)}{\sigma^{n+1}(u_0)\,\sigma^{n+1}(u_1)\,\sigma^{n+1}(u_2)\cdots\sigma^{n+1}(u_n)},$$

$$(\lambda < \mu,\quad \lambda, \mu = 0, 1, 2, \cdots n).$$

Die Geltung dieser Formel ist, wie sich aus Stetigkeitsbetrachtungen ergibt, nur an die Bedingung geknüpft, dass keine der Grössen u_λ $(\lambda = 0, 1, 2, \cdots n)$ der Null congruent ist.

Für die im Art. 13 betrachtete elliptische Function $\varphi(u)$ ergibt sich hiernach die Darstellung

$$(4.)\qquad \varphi(u) = C\cdot\frac{\varphi(u, u_1, u_2, \cdots u_r)}{\varphi(u, v_1, v_2, \cdots v_r)},$$

wo der Factor C nur von den Grössen $u_1, u_2, \cdots u_r;\ v_1, v_2, \cdots v_r$ abhängt. Hierbei ist vorausgesetzt, dass von diesen $2r$ Grössen keine der Null congruent ist und dass keine zwei derselben einander congruent sind. Es bietet keine Schwierigkeit, aus dieser Formel durch einen angemessenen Grenzübergang andere Formeln herzuleiten, welche sich auf die angegebenen Ausnahmefälle beziehen.

Es gelten überhaupt folgende Sätze:

Jede (eindeutige) elliptische Function $\varphi(u)$, deren Argument die Perioden $2\omega, 2\omega'$ besitzt, ist rational ausdrückbar durch die zu dem Periodenpaare $(2\omega, 2\omega')$ gehörende Function $\wp(u\,|\,\omega, \omega') = \wp u$ und deren in Bezug auf die Grösse u genommene erste Ableitung $\wp' u$. Umgekehrt sind diese Functionen $\wp u$ und $\wp' u$ durch die Function $\varphi(u)$ und deren erste Ableitung $\varphi'(u)$ rational ausdrückbar, wenn $(2\omega, 2\omega')$ ein p r i m i t i v e s Periodenpaar des Argumentes der Function $\varphi(u)$ ist.

Wenn die betrachtete Function $\varphi(u)$ eine g r a d e Function ihres Argumentes ist, so ist dieselbe eine rationale Function von $\wp u$; wenn die Function $\varphi(u)$ dagegen eine u n g r a d e Function ihres Argumentes ist, so ist $\frac{\varphi(u)}{\wp' u}$ eine rationale Function von $\wp u$.

Wenn die betrachtete Function $\varphi(u)$ nur für $u = 0$ und die congruenten Werthe unendlich gross wird, so ist dieselbe eine g a n z e Function von $\wp u$ und $\wp' u$.

Die Function $\frac{\sigma(nu)}{\sigma^{nn}(u)}$.

15.

Unter der Voraussetzung, dass n grösser als 1 ist, ergibt sich für den Grenzfall

$$u_1 = u_2 = u_3 = \cdots = u_n = v,$$

wenn

$$(1.)\qquad \varphi(u) = (-1)^n \cdot \frac{\sigma^n(u-v)\,\sigma(u+nv)}{\sigma^{n+1}(u)\,\sigma^n(v)\,\sigma(nv)}, \qquad P_n(v) = \begin{vmatrix} \wp' v & \wp'' v & \cdots & \wp^{(n-1)} v \\ \wp'' v & \wp''' v & \cdots & \wp^{(n)} v \\ \cdot & \cdot & & \cdot \\ \wp^{(n-1)} v & \wp^{(n)} v & \cdots & \wp^{(2n-3)} v \end{vmatrix}$$

gesetzt wird,

$$(2.)\qquad P_n(v)\cdot\varphi(u) = \frac{1}{n!} \begin{vmatrix} \wp u - \wp v & \wp' u - \wp' v & \cdots & \wp^{(n-1)} u - \wp^{(n-1)} v \\ \wp' v & \wp'' v & \cdots & \wp^{(n)} v \\ \wp'' v & \wp''' v & \cdots & \wp^{(n+1)} v \\ \cdot & \cdot & & \cdot \\ \wp^{(n-1)} v & \wp^{(n)} v & \cdots & \wp^{(2n-2)} v \end{vmatrix}$$

Wird nun beiderseits nach Potenzen der Grösse $u-v$ entwickelt, so folgt aus der Vergleichung der Coefficienten der mit $(u-v)^n$ multiplicirten Glieder

$$(3.)\qquad \frac{\sigma((n+1)v)}{\sigma(nv)\,\sigma^{2n+1}(v)} = -\frac{1}{n!\,n!}\cdot\frac{P_{n+1}(v)}{P_n(v)}.$$

Andererseits ergibt sich, wenn die Grösse c_n durch die Gleichung

$$(4.)\qquad \sigma(nv) = \frac{(-1)^{n-1}\cdot c_n}{(1!\,2!\,3!\cdots(n-1)!)^2}\,P_n(v)\cdot\sigma^{nn}(v)$$

definirt wird,

$$(5.)\qquad \frac{\sigma((n+1)v)}{\sigma(nv)\,\sigma^{2n+1}(v)} = -\frac{1}{n!\,n!}\cdot\frac{c_{n+1}}{c_n}\cdot\frac{P_{n-1}(v)}{P_n(v)}.$$

Für jeden hier in Betracht kommenden Werth von n hat demnach der Quotient $\frac{c_{n+1}}{c_n}$ den Werth 1.

Für $n = 2$ ergibt sich

$$\sigma(2v) = -c_2\cdot\wp' v\cdot\sigma^4(v);$$

in Folge der Gleichung (16.) des Art. 12 ist also $c_2 = 1$.

Mithin ist auch $c_n = 1$ und es besteht daher, wenn u statt v eingeführt wird, die Gleichung

$$(6.)\qquad \frac{\sigma(nu)}{\sigma^{nn}(u)} = \frac{(-1)^{n-1}}{(1!\,2!\,3!\cdots(n-1)!)^2}\begin{vmatrix} \wp' u & \wp'' u & \cdots & \wp^{(n-1)} u \\ \wp'' u & \wp''' u & \cdots & \wp^{(n)} u \\ \cdot & & & \cdot \\ \wp^{(n-1)} u & \wp^{(n)} u & \cdots & \wp^{(2n-3)} u \end{vmatrix}$$

Den Gleichungen (14.) und (15.) des Art. 9 zufolge sind sämmtliche Ableitungen der Function $\wp u$ als ganze Functionen der Grössen $\wp u$, $\wp' u$, $\frac{1}{2}g_2$, g_3 mit ganzzahligen Zahlencoefficienten darstellbar. Die Determinante $P_n(u)$, durch welche die Function $\frac{\sigma(nu)}{\sigma^{nn}(u)}$ ausgedrückt ist, ist daher ebenfalls eine ganze Function dieser Grössen.

Wenn nun n ungrade ist, so ist $\frac{\sigma(nu)}{\sigma^{nn}(u)}$ eine grade Function des Argumentes u, es ist daher $\frac{\sigma(nu)}{\sigma^{nn}(u)}$ eine ganze Function der Grössen $\wp u$, $\frac{1}{2}g_2$, g_3; wenn dagegen n grade ist, so ist $\frac{\sigma(nu)}{\sigma^{nn}(u)}$ eine ungrade Function des Argumentes u und es ist $\frac{1}{\wp' u}\cdot\frac{\sigma(nu)}{\sigma^{nn}(u)}$ eine ganze Function der Grössen $\wp u$, $\frac{1}{2}g_2$, g_3.

Es besteht daher für alle ungraden Werthe von n eine Gleichung von der Form

$$(7.)\qquad \frac{\sigma(nu)}{\sigma^{nn}(u)} = \frac{1}{(1!\,2!\,3!\cdots(n-1)!)^2}\,G(\wp u, \tfrac{1}{2}g_2, g_3)_{\frac{1}{2}(n^2-1)},$$

und für alle graden Werthe von n eine Gleichung von der Form

$$(8.)\qquad \frac{\sigma(nu)}{\sigma^{nn}(u)} = \frac{-\wp' u}{(1!\,2!\,3!\cdots(n-1)!)^2}\,G(\wp u, \tfrac{1}{2}g_2, g_3)_{\frac{1}{2}(n^2-4)}.$$

In diesen Gleichungen bezeichnet $G(\wp u, \frac{1}{2}g_2, g_3)_N$ eine ganze Function der drei Grössen $\wp u$, $\frac{1}{2}g_2$, g_3 mit ganzzahligen Zahlencoefficienten und der Index N den Grad dieser Function in Bezug auf das Argument $\wp u$.

Da

$$(9.)\qquad \frac{d^2}{du^2}\log\frac{\sigma(nu)}{\sigma^{nn}(u)} = n^2(\wp u - \wp(nu)),$$

so können die angegebenen Gleichungen dazu benutzt werden, um $\wp(nu)$ rational durch $\wp u$ auszudrücken.

Darstellung einer elliptischen Function beliebigen Grades durch die Function $\frac{\sigma'}{\sigma}(u)$ und deren Ableitungen.

Integration einer elliptischen Function beliebigen Grades.

16.

Aus der Gesammtheit derjenigen Werthe des Argumentes u, für welche eine elliptische Function r^{ten} Grades

(1.) $$\varphi(u) = C \cdot \frac{\sigma(u-u_1)\,\sigma(u-u_2)\cdots\sigma(u-u_r)}{\sigma(u-v_1)\,\sigma(u-v_2)\cdots\sigma(u-v_r)}$$

unendlich gross wird, sei ein vollständiges System einander nicht congruenter Werthe

$$v_1,\, v_2,\, \cdots v_m$$

herausgehoben und es sei für $\mu = 1, 2, \cdots m$

$$C_\mu(u-v_\mu)^{-1} + C'_\mu(u-v_\mu)^{-2} + C''_\mu(u-v_\mu)^{-3} + \cdots + C_\mu^{(r_\mu-1)}(u-v_\mu)^{-r_\mu}$$

die Summe aller Glieder mit negativem Exponenten, welche in der für die Umgebung des Werthes v_μ geltenden nach Potenzen der Grösse $u-v_\mu$ fortschreitenden Reihenentwickelung der Function $\varphi(u)$ enthalten sind.

Unter diesen Voraussetzungen bestehen die Gleichungen

(2.) $$r_1+r_2+\cdots+r_m = r, \qquad C_1+C_2+\cdots+C_m = 0,$$

(3.) $$\varphi(u) = C_0+\sum_\mu C_\mu \frac{\sigma'}{\sigma}(u-v_\mu) + \sum_\mu \sum_\lambda \frac{(-1)^\lambda}{\lambda!}\, C_\mu^{(\lambda)} \frac{d^\lambda}{du^\lambda} \frac{\sigma'}{\sigma}(u-v_\mu),$$

$$(\lambda = 1, 2, \cdots (r_\mu-1); \quad \mu = 1, 2, \cdots m).$$

Die Constante C_0 kann bestimmt werden, wenn der Werth der Function $\varphi(u)$ für einen nicht singulären, d. h. keinem der Werthe $v_1, v_2, \cdots v_m$ congruenten Werth des Argumentes u bekannt ist, oder wenn in der für die Umgebung irgend eines der Werthe v_μ geltenden nach Potenzen von $u-v_\mu$ fortschreitenden Reihenentwickelung der Function $\varphi(u)$ ausser den Gliedern mit negativem Exponenten noch das constante Glied gegeben ist.

17.

Aus dem in dem vorhergehenden Art. enthaltenen Ausdrucke für die Function $\varphi(u)$ ergibt sich für die zu derselben gehörende Integralfunction, wenn mit C'_0 die Constante der Integration bezeichnet wird, folgender Ausdruck:

$$\int \varphi(u)\,du = \sum_\mu C'_\mu \log\sigma(u-v_\mu) + C'_0 u + C''_0$$
$$-\sum_\mu C''_\mu \frac{\sigma'}{\sigma}(u-v_\mu) + \sum_\mu \sum_\lambda (-1)^{\lambda-1}\frac{1}{\lambda!}C^{(\lambda)}_\mu \wp^{(\lambda-2)}(u-v_\mu),$$
$$(\lambda = 2, 3, \cdots (r_\mu-1);\quad \mu = 1, 2, \cdots m).$$

In der zweiten Zeile der vorstehenden Formel ist $\wp^{(0)}(u-v_\mu) = \wp(u-v_\mu)$, $\wp^{(\nu)}(u-v_\mu) = \frac{d^\nu}{du^\nu}\wp(u-v_\mu)$ zu setzen. Uebrigens ist hierbei zu bemerken, dass den zu Grunde gelegten Voraussetzungen zufolge alle in dieser Zeile enthaltenen Glieder der Integralfunction fortfallen, wenn jede der Zahlen $r_1, r_2, \cdots r_m$ den Werth 1 hat.

Die Functionen $\sigma_1 u$, $\sigma_2 u$, $\sigma_3 u$.

18.

Durch die Gleichungen

$$(1.)\qquad \begin{aligned} \sigma_1 u &= \frac{e^{-\eta_1 u}\sigma(\omega+u)}{\sigma\omega} = \frac{e^{\eta_1 u}\sigma(\omega-u)}{\sigma\omega} = \sigma_1(u\,|\,\omega, \omega'),\\ \sigma_2 u &= \frac{e^{-\eta''_1 u}\sigma(\omega''+u)}{\sigma\omega''} = \frac{e^{\eta''_1 u}\sigma(\omega''-u)}{\sigma\omega''} = \sigma_2(u\,|\,\omega, \omega'),\\ \sigma_3 u &= \frac{e^{-\eta'_1 u}\sigma(\omega'+u)}{\sigma\omega'} = \frac{e^{\eta'_1 u}\sigma(\omega'-u)}{\sigma\omega'} = \sigma_3(u\,|\,\omega, \omega') \end{aligned}$$

werden drei Functionen $\sigma_1 u$, $\sigma_2 u$, $\sigma_3 u$ als eindeutige Functionen der unbeschränkt veränderlichen complexen Grösse u erklärt. Für alle endlichen Werthe des Argumentes u besitzen dieselben den Charakter ganzer Functionen.

Jede der drei Functionen $\sigma_1 u$, $\sigma_2 u$, $\sigma_3 u$ ist eine grade Function des Argumentes u. Dem Werthe $u = 0$ entspricht der Functionswerth 1.

Wenn in der Formel (1.) des Art. 11 für v beziehlich die Werthe ω, ω'', ω' gesetzt werden, so ergeben sich die Gleichungen

$$(2.)\qquad \wp u - e_1 = \left(\frac{\sigma_1 u}{\sigma u}\right)^2, \qquad \wp u - e_2 = \left(\frac{\sigma_2 u}{\sigma u}\right)^2, \qquad \wp u - e_3 = \left(\frac{\sigma_3 u}{\sigma u}\right)^2,$$

aus welchen hervorgeht, dass jede der drei Differenzen $\wp u - e_\lambda$ ($\lambda = 1, 2, 3$) das Quadrat einer eindeutigen Function des Argumentes u ist.

Es bestehen die Gleichungen

$$\wp' u = -2\,\frac{\sigma_1 u\,\sigma_2 u\,\sigma_3 u}{\sigma u\,\sigma u\,\sigma u}, \qquad \sigma(2u) = 2\,\sigma u\,\sigma_1 u\,\sigma_2 u\,\sigma_3 u. \tag{3.}$$

Bezeichnen λ, μ, ν die drei Zahlen 1, 2, 3 in irgend einer Reihenfolge, so gilt die Reihenentwickelung

$$\sigma_\lambda u = 1 - \tfrac{1}{2} e_\lambda u^2 - \tfrac{1}{48}(6e_\lambda^2 - g_2)u^4 - \cdots \tag{4.}$$

Die Grösse g_2 hat zufolge Art. 9 (18.) den Werth

$$g_2 = -4(e_\mu e_\nu + e_\nu e_\lambda + e_\lambda e_\mu) = -4((e_\lambda - e_\mu)(e_\lambda - e_\nu) - 3e_\lambda^2). \tag{5.}$$

Für die Vermehrung des Argumentes um eine ganze Periode gelten die Formeln

$$\begin{array}{lll}
\sigma(u+2\omega) = -e^{2\eta_1(u+\omega)}\sigma u & \sigma(u+2\omega'') = -e^{2\eta_1''(u+\omega'')}\sigma u & \sigma(u+2\omega') = -e^{2\eta_1'(u+\omega')}\sigma u \\
\sigma_1(u+2\omega) = -e^{2\eta_1(u+\omega)}\sigma_1 u & \sigma_1(u+2\omega'') = +e^{2\eta_1''(u+\omega'')}\sigma_1 u & \sigma_1(u+2\omega') = +e^{2\eta_1'(u+\omega')}\sigma_1 u \\
\sigma_2(u+2\omega) = +e^{2\eta_1(u+\omega)}\sigma_2 u & \sigma_2(u+2\omega'') = -e^{2\eta_1''(u+\omega'')}\sigma_2 u & \sigma_2(u+2\omega') = +e^{2\eta_1'(u+\omega')}\sigma_2 u \\
\sigma_3(u+2\omega) = +e^{2\eta_1(u+\omega)}\sigma_3 u & \sigma_3(u+2\omega'') = +e^{2\eta_1''(u+\omega'')}\sigma_3 u & \sigma_3(u+2\omega') = -e^{2\eta_1'(u+\omega')}\sigma_3 u.
\end{array} \tag{6.}$$

Diese Formeln sind specielle Fälle der folgenden, in welchen p, q irgend welche ganze positive oder negative Zahlen, einschliesslich der Null, bedeuten:

$$\begin{aligned}
2\bar{\omega} &= 2p\omega + 2q\omega', \qquad 2\bar{\eta}_1 = 2p\eta_1 + 2q\eta_1', \\
\sigma(u + 2\bar{\omega}) &= (-1)^{pq+p+q}\, e^{2\bar{\eta}_1(u+\bar{\omega})}\sigma u, \\
\sigma_1(u + 2\bar{\omega}) &= (-1)^{pq+p}\, e^{2\bar{\eta}_1(u+\bar{\omega})}\sigma_1 u, \\
\sigma_2(u + 2\bar{\omega}) &= (-1)^{pq}\, e^{2\bar{\eta}_1(u+\bar{\omega})}\sigma_2 u, \\
\sigma_3(u + 2\bar{\omega}) &= (-1)^{pq+q}\, e^{2\bar{\eta}_1(u+\bar{\omega})}\sigma_3 u.
\end{aligned} \tag{7.}$$

Für jeden von Null verschiedenen Werth der Grösse m und für jeden der drei Werthe des Index λ gilt die Gleichung

$$\sigma_\lambda(u \mid \omega, \omega') = \sigma_\lambda\left(\frac{u}{m} \,\Big|\, \frac{\omega}{m}, \frac{\omega'}{m}\right). \tag{8.}$$

19.

Es bezeichne jetzt

$$\bar\omega = p\omega + q\omega'$$

eine halbe Periode, mit anderen Worten, es werde vorausgesetzt, dass die beiden ganzen Zahlen p und q nicht beide zugleich grade sind.

Wird entsprechend der im Art. 7 erklärten Bezeichnungsweise

$$\bar\eta = p\eta + q\eta' = \frac{\sigma'}{\sigma}(\bar\omega)$$

gesetzt, so stimmt die Function

$$\frac{e^{-\bar\eta u}\sigma(\bar\omega+u)}{\sigma\bar\omega} = \frac{e^{\bar\eta u}\sigma(\bar\omega-u)}{\sigma\bar\omega}$$

mit der Function $\sigma_\lambda u$ überein, wobei der Index λ den Werth 1, 2 oder 3 hat, jenachdem $\wp\bar\omega$ gleich e_1, e_2 oder e_3 ist.

Es ist nun

$$\text{(1.)}\qquad \begin{aligned} \wp\bar\omega &= e_1, &\text{also } \lambda &= 1, &\text{wenn } p &\equiv 1, & q &\equiv 0 \pmod{2};\\ \wp\bar\omega &= e_2, &\text{also } \lambda &= 2, &\text{wenn } p &\equiv 1, & q &\equiv 1 \pmod{2};\\ \wp\bar\omega &= e_3, &\text{also } \lambda &= 3, &\text{wenn } p &\equiv 0, & q &\equiv 1 \pmod{2}. \end{aligned}$$

Unter der Voraussetzung, dass der Werth von λ den vorstehenden Bedingungen gemäss bestimmt wird, bestehen die Gleichungen:

$$\text{(2.)}\qquad \wp\bar\omega = e_\lambda,$$

$$\text{(3.)}\qquad \frac{e^{-\bar\eta u}\sigma(\bar\omega+u)}{\sigma\bar\omega} = \frac{e^{\bar\eta u}\sigma(\bar\omega-u)}{\sigma\bar\omega} = \sigma_\lambda u,$$

$$\text{(4.)}\qquad \frac{\sigma'}{\sigma}(u\pm\bar\omega)\mp\bar\eta = \frac{\sigma_\lambda' u}{\sigma_\lambda u} = \frac{\sigma_\lambda'}{\sigma_\lambda}(u), \qquad \frac{\sigma_\lambda'}{\sigma_\lambda}(u\pm\bar\omega) = \frac{\sigma'}{\sigma}(u)\pm\bar\eta$$

Wird in den Ausdrücken für $\wp(u\pm v)$ der Grösse v der Werth $\bar\omega$ beigelegt, so ergibt sich

$$\text{(5.)}\qquad \wp(u\pm\bar\omega)-e_\lambda = \frac{(e_\lambda-e_\mu)(e_\lambda-e_\nu)}{\wp u - e_\lambda}.$$

20.

Für den ersten im Art. 10 betrachteten Grenzfall $\mathfrak{R}\left(\frac{\omega'}{\omega i}\right) = \infty$ erhält man

$$(1.)\qquad \sigma_1 u = e^{\frac{1}{6}\left(\frac{u\pi}{2\omega}\right)^2}\cos\frac{u\pi}{2\omega}, \quad \sigma_2 u = \sigma_3 u = e^{\frac{1}{6}\left(\frac{u\pi}{2\omega}\right)^2}.$$

Wenn aber sowohl 2ω, als auch $2\omega'$ unendlich gross wird, während $\lim \mathfrak{R}\left(\frac{\omega'}{\omega i}\right)$ einen von Null verschiedenen Werth hat, so ist

$$(2.)\qquad \sigma_1 u = \sigma_2 u = \sigma_3 u = 1$$

zu setzen.

21.

Durch die Gleichungen

$$(1.)\qquad \sqrt{\wp u - e_1} = \frac{\sigma_1 u}{\sigma u}, \quad \sqrt{\wp u - e_2} = \frac{\sigma_2 u}{\sigma u}, \quad \sqrt{\wp u - e_3} = \frac{\sigma_3 u}{\sigma u}$$

sind die Werthe der drei Quadratwurzeln als eindeutige Functionen des Argumentes u definirt.

Wenn dem Argumente u der Reihe nach die Werthe

$$\omega_1 = \omega, \quad \omega_2 = \omega + \omega' = \omega'', \quad \omega_3 = \omega'$$

beigelegt werden, so ergeben sich folgende Gleichungen

$$(2.)\qquad \begin{aligned}
\sqrt{e_1 - e_2} &= \frac{\sigma_2\omega}{\sigma\omega} = \frac{e^{\eta''\omega}\sigma\omega'}{\sigma\omega\,\sigma\omega''}, & \sqrt{e_1 - e_3} &= \frac{\sigma_3\omega}{\sigma\omega} = \frac{e^{-\eta'\omega}\sigma\omega''}{\sigma\omega\,\sigma\omega'},\\
\sqrt{e_2 - e_1} &= \frac{\sigma_1\omega''}{\sigma\omega''} = -\frac{e^{\eta\omega''}\sigma\omega'}{\sigma\omega\,\sigma\omega''}, & \sqrt{e_2 - e_3} &= \frac{\sigma_3\omega''}{\sigma\omega''} = -\frac{e^{\eta'\omega''}\sigma\omega}{\sigma\omega'\,\sigma\omega''},\\
\sqrt{e_3 - e_1} &= \frac{\sigma_1\omega'}{\sigma\omega'} = \frac{e^{-\eta\omega'}\sigma\omega''}{\sigma\omega\,\sigma\omega'}, & \sqrt{e_3 - e_2} &= \frac{\sigma_2\omega'}{\sigma\omega'} = \frac{e^{\eta''\omega'}\sigma\omega}{\sigma\omega'\,\sigma\omega''},
\end{aligned}$$

durch welche die Werthe der sechs Quadratwurzeln in eindeutiger Weise bestimmt werden.

Zwischen diesen Wurzelgrössen bestehen in Folge der Voraussetzung $\mathfrak{R}\left(\frac{\omega'}{\omega i}\right) > 0$ die Beziehungen

$$(3.)\qquad \sqrt{e_3 - e_2} = -i\sqrt{e_2 - e_3}, \quad \sqrt{e_3 - e_1} = -i\sqrt{e_1 - e_3}, \quad \sqrt{e_2 - e_1} = -i\sqrt{e_1 - e_2}.$$

Verwandlungsformeln für die Functionen σu, $\sigma_1 u$, $\sigma_2 u$, $\sigma_3 u$.

22.

Aus den Gleichungen (2.) des Art. 21 ergeben sich für die Grössen $\sigma\omega$, $\sigma\omega''$, $\sigma\omega'$ folgende Ausdrücke

$$(1.)\quad \sigma\omega = \frac{e^{\frac{1}{2}\eta\omega}}{\sqrt[4]{e_1-e_3}\sqrt[4]{e_1-e_2}}, \qquad \sigma\omega'' = \frac{\sqrt{i}\, e^{\frac{1}{2}\eta''\omega''}}{\sqrt[4]{e_2-e_3}\sqrt[4]{e_1-e_2}}, \qquad \sigma\omega' = \frac{i\, e^{\frac{1}{2}\eta'\omega'}}{\sqrt[4]{e_2-e_3}\sqrt[4]{e_1-e_3}}.$$

Hierbei ist zu bemerken, dass die drei Wurzelgrössen

$$\sqrt[4]{e_2-e_3}, \qquad \sqrt[4]{e_1-e_3}, \qquad \sqrt[4]{e_1-e_2}$$

nur solche Werthe annehmen können, deren Quadrate den durch die Gleichungen (2.) des Art. 21 bereits **eindeutig** bestimmten Grössen

$$\sqrt{e_2-e_3}, \qquad \sqrt{e_1-e_3}, \qquad \sqrt{e_1-e_2}$$

beziehlich gleich sind. Jede der drei vierten Wurzeln kann demnach nicht **vier**, sondern nur **zwei** Werthe annehmen; sobald aber über den Werth **einer** dieser drei Grössen entschieden ist, sind die Werthe der beiden andern **eindeutig** bestimmt.

Zur Bestimmung der Werthe der Producte je zweier der drei vierten Wurzeln können auch folgende Gleichungen dienen:

$$(1^*)\quad \sqrt[4]{e_1-e_3}\sqrt[4]{e_1-e_2} = \frac{\sigma_1(\frac{1}{2}\omega)}{\sigma(\frac{1}{2}\omega)}, \qquad \sqrt[4]{e_2-e_3}\sqrt[4]{e_1-e_2} = \sqrt{i}\,\frac{\sigma_2(\frac{1}{2}\omega'')}{\sigma(\frac{1}{2}\omega'')}, \qquad \sqrt[4]{e_2-e_3}\sqrt[4]{e_1-e_3} = i\,\frac{\sigma_3(\frac{1}{2}\omega')}{\sigma(\frac{1}{2}\omega')}.$$

Der Grösse $\sqrt{i}$ ist der Werth $e^{\frac{1}{4}\pi i}$ beizulegen.

Für die Vermehrung und Verminderung des Argumentes der vier σ-Functionen um eine **halbe** Periode gelten unter der Voraussetzung, dass den zweiten und vierten Wurzeln die im Vorhergehenden bestimmten Werthe beigelegt werden, die in der Tabelle auf der folgenden Seite enthaltenen Verwandlungsformeln:

$$
(2.)\quad
\begin{aligned}
\sigma(u\pm\omega) &= \pm e^{\pm\eta_1 u}\,\sigma\omega\,\sigma_1 u = \pm\frac{1}{\sqrt[4]{e_1-e_2}\sqrt[4]{e_1-e_3}}\,e^{\pm\eta_1(u\pm\frac{1}{2}\omega)}\sigma_1 u\\
\sigma_1(u\pm\omega) &= \mp\sqrt{e_1-e_2}\sqrt{e_1-e_3}\,e^{\pm\eta_1 u}\,\sigma\omega\,\sigma u = \mp\sqrt[4]{e_1-e_2}\sqrt[4]{e_1-e_3}\,e^{\pm\eta_1(u\pm\frac{1}{2}\omega)}\sigma u\\
\sigma_2(u\pm\omega) &= \sqrt{e_1-e_2}\cdot e^{\pm\eta_1 u}\,\sigma\omega\,\sigma_3 u = \frac{\sqrt[4]{e_1-e_2}}{\sqrt[4]{e_1-e_3}}\cdot e^{\pm\eta_1(u\pm\frac{1}{2}\omega)}\sigma_3 u\\
\sigma_3(u\pm\omega) &= \sqrt{e_1-e_3}\cdot e^{\pm\eta_1 u}\,\sigma\omega\,\sigma_2 u = \frac{\sqrt[4]{e_1-e_3}}{\sqrt[4]{e_1-e_2}}\cdot e^{\pm\eta_1(u\pm\frac{1}{2}\omega)}\sigma_2 u
\end{aligned}
$$

$$
(3.)\quad
\begin{aligned}
\sigma(u\pm\omega'') &= \pm e^{\pm\eta_1'' u}\,\sigma\omega''\sigma_2 u = \pm\frac{\sqrt{i}}{\sqrt[4]{e_1-e_2}\sqrt[4]{e_2-e_3}}\,e^{\pm\eta_1''(u\pm\frac{1}{2}\omega'')}\sigma_2 u\\
\sigma_1(u\pm\omega'') &= \sqrt{e_2-e_1}\cdot e^{\pm\eta_1'' u}\,\sigma\omega''\sigma_3 u = \frac{1}{\sqrt{i}}\frac{\sqrt[4]{e_1-e_2}}{\sqrt[4]{e_2-e_3}}\,e^{\pm\eta_1''(u\pm\frac{1}{2}\omega'')}\sigma_3 u\\
\sigma_2(u\pm\omega'') &= \mp\sqrt{e_2-e_1}\sqrt{e_2-e_3}\,e^{\pm\eta_1'' u}\,\sigma\omega''\sigma u = \mp\frac{\sqrt[4]{e_1-e_2}\sqrt[4]{e_2-e_3}}{\sqrt{i}}\,e^{\pm\eta_1''(u\pm\frac{1}{2}\omega'')}\sigma u\\
\sigma_3(u\pm\omega'') &= \sqrt{e_2-e_3}\cdot e^{\pm\eta_1'' u}\,\sigma\omega''\sigma_1 u = \sqrt{i}\,\frac{\sqrt[4]{e_2-e_3}}{\sqrt[4]{e_1-e_2}}\cdot e^{\pm\eta_1''(u\pm\frac{1}{2}\omega'')}\sigma_1 u
\end{aligned}
$$

$$
(4.)\quad
\begin{aligned}
\sigma(u\pm\omega') &= \pm e^{\pm\eta_1' u}\,\sigma\omega'\sigma_3 u = \pm\frac{i}{\sqrt[4]{e_1-e_3}\sqrt[4]{e_2-e_3}}\,e^{\pm\eta_1'(u\pm\frac{1}{2}\omega')}\sigma_3 u\\
\sigma_1(u\pm\omega') &= \sqrt{e_3-e_1}\cdot e^{\pm\eta_1' u}\,\sigma\omega'\sigma_2 u = \frac{\sqrt[4]{e_1-e_3}}{\sqrt[4]{e_2-e_3}}\cdot e^{\pm\eta_1'(u\pm\frac{1}{2}\omega')}\sigma_2 u\\
\sigma_2(u\pm\omega') &= \sqrt{e_3-e_2}\cdot e^{\pm\eta_1' u}\,\sigma\omega'\sigma_1 u = \frac{\sqrt[4]{e_2-e_3}}{\sqrt[4]{e_1-e_3}}\,e^{\pm\eta_1'(u\pm\frac{1}{2}\omega')}\sigma_1 u\\
\sigma_3(u\pm\omega') &= \mp\sqrt{e_3-e_1}\sqrt{e_3-e_2}\,e^{\pm\eta_1' u}\,\sigma\omega'\sigma u = \pm i\sqrt[4]{e_1-e_3}\sqrt[4]{e_2-e_3}\,e^{\pm\eta_1'(u\pm\frac{1}{2}\omega')}\sigma u.
\end{aligned}
$$

Verwandlungsformeln für die Quotienten zweier σ-Functionen.

23.

Für die Quotienten zweier σ-Functionen gelten folgende Verwandlungsformeln:

(1.)

$$\frac{\sigma(u\pm\omega)}{\sigma_1(u\pm\omega)} = \frac{-1}{\sqrt{e_1-e_2}\sqrt{e_1-e_3}}\,\frac{\sigma_1 u}{\sigma u} \qquad \frac{\sigma_1(u\pm\omega)}{\sigma_2(u\pm\omega)} = \mp\sqrt{e_1-e_3}\,\frac{\sigma u}{\sigma_3 u}$$

$$\frac{\sigma(u\pm\omega'')}{\sigma_1(u\pm\omega'')} = \pm\frac{i}{\sqrt{e_1-e_2}}\,\frac{\sigma_2 u}{\sigma_3 u} \qquad \frac{\sigma_1(u\pm\omega'')}{\sigma_2(u\pm\omega'')} = \mp\frac{1}{\sqrt{e_2-e_3}}\,\frac{\sigma_3 u}{\sigma u}$$

$$\frac{\sigma(u\pm\omega')}{\sigma_1(u\pm\omega')} = \pm\frac{i}{\sqrt{e_1-e_3}}\,\frac{\sigma_3 u}{\sigma_2 u} \qquad \frac{\sigma_1(u\pm\omega')}{\sigma_2(u\pm\omega')} = \frac{\sqrt{e_1-e_3}}{\sqrt{e_2-e_3}}\,\frac{\sigma_2 u}{\sigma_1 u}$$

$$\frac{\sigma(u\pm\omega)}{\sigma_2(u\pm\omega)} = \pm\frac{1}{\sqrt{e_1-e_2}}\,\frac{\sigma_1 u}{\sigma_3 u} \qquad \frac{\sigma_1(u\pm\omega)}{\sigma_3(u\pm\omega)} = \mp\sqrt{e_1-e_2}\,\frac{\sigma u}{\sigma_2 u}$$

$$\frac{\sigma(u\pm\omega'')}{\sigma_2(u\pm\omega'')} = \frac{-i}{\sqrt{e_1-e_2}\sqrt{e_2-e_3}}\,\frac{\sigma_2 u}{\sigma u} \qquad \frac{\sigma_1(u\pm\omega'')}{\sigma_3(u\pm\omega'')} = -i\frac{\sqrt{e_1-e_2}}{\sqrt{e_2-e_3}}\,\frac{\sigma_3 u}{\sigma_1 u}$$

$$\frac{\sigma(u\pm\omega')}{\sigma_2(u\pm\omega')} = \pm\frac{i}{\sqrt{e_2-e_3}}\,\frac{\sigma_3 u}{\sigma_1 u} \qquad \frac{\sigma_1(u\pm\omega')}{\sigma_3(u\pm\omega')} = \mp\frac{i}{\sqrt{e_2-e_3}}\,\frac{\sigma_2 u}{\sigma u}$$

$$\frac{\sigma(u\pm\omega)}{\sigma_3(u\pm\omega)} = \pm\frac{1}{\sqrt{e_1-e_3}}\,\frac{\sigma_1 u}{\sigma_2 u} \qquad \frac{\sigma_2(u\pm\omega)}{\sigma_3(u\pm\omega)} = \frac{\sqrt{e_1-e_2}}{\sqrt{e_1-e_3}}\,\frac{\sigma_3 u}{\sigma_2 u}$$

$$\frac{\sigma(u\pm\omega'')}{\sigma_3(u\pm\omega'')} = \pm\frac{1}{\sqrt{e_2-e_3}}\,\frac{\sigma_2 u}{\sigma_1 u} \qquad \frac{\sigma_2(u\pm\omega'')}{\sigma_3(u\pm\omega'')} = \pm i\sqrt{e_1-e_2}\,\frac{\sigma u}{\sigma_1 u}$$

$$\frac{\sigma(u\pm\omega')}{\sigma_3(u\pm\omega')} = \frac{1}{\sqrt{e_1-e_3}\sqrt{e_2-e_3}}\,\frac{\sigma_3 u}{\sigma u} \qquad \frac{\sigma_2(u\pm\omega')}{\sigma_3(u\pm\omega')} = \mp\frac{i}{\sqrt{e_1-e_3}}\,\frac{\sigma_1 u}{\sigma u}.$$

(2.)

$$\frac{\sigma(u\pm 2\omega_\lambda)}{\sigma_\lambda(u\pm 2\omega_\lambda)} = \frac{\sigma u}{\sigma_\lambda u} \qquad \frac{\sigma_\mu(u\pm 2\omega_\lambda)}{\sigma_\nu(u\pm 2\omega_\lambda)} = \frac{\sigma_\mu u}{\sigma_\nu u}$$

$$\frac{\sigma(u\pm 2\omega_\mu)}{\sigma_\lambda(u\pm 2\omega_\mu)} = -\frac{\sigma u}{\sigma_\lambda u} \qquad \frac{\sigma_\mu(u\pm 2\omega_\mu)}{\sigma_\nu(u\pm 2\omega_\mu)} = -\frac{\sigma_\mu u}{\sigma_\nu u}.$$

Aus diesen Formeln ergibt sich, dass die Functionen $\frac{\sigma u}{\sigma_\lambda u}$ und $\frac{\sigma_\mu u}{\sigma_\nu u}$ eindeutige doppelt periodische Functionen sind, für deren Argument $(2\omega_\lambda, 4\omega_\mu)$ ein primitives Periodenpaar ist.

Gleichungen zwischen den Quadraten von je drei σ-Functionen.

24.

Aus den Gleichungen

$$\wp u - e_\lambda = \frac{\sigma_\lambda^2 u}{\sigma^2 u} \qquad (\lambda = 1, 2, 3)$$

ergeben sich durch Elimination von $\wp u$ die folgenden Gleichungen zwischen den Quadraten von je drei σ-Functionen

$$\sigma_2^2 u - \sigma_3^2 u + (e_2 - e_3)\,\sigma^2 u = 0,$$

$$\sigma_3^2 u - \sigma_1^2 u + (e_3 - e_1)\,\sigma^2 u = 0,$$

$$\sigma_1^2 u - \sigma_2^2 u + (e_1 - e_2)\,\sigma^2 u = 0,$$

$$(e_2 - e_3)\,\sigma_1^2 u + (e_3 - e_1)\,\sigma_2^2 u + (e_1 - e_2)\,\sigma_3^2 u = 0.$$

Differentialgleichungen der σ-Quotienten.

25.

Aus der Gleichung

$$(1.) \qquad \wp' u = -2\,\frac{\sigma_\lambda u}{\sigma u}\,\frac{\sigma_\mu u}{\sigma u}\,\frac{\sigma_\nu u}{\sigma u}$$

ergeben sich für die Functionen

$$\frac{\sigma u}{\sigma_\lambda u}, \qquad \frac{\sigma_\mu u}{\sigma_\nu u}, \qquad \frac{\sigma_\lambda u}{\sigma u}$$

folgende Differentialgleichungen

$$(2.) \quad \frac{d}{du}\,\frac{\sigma u}{\sigma_\lambda u} = \frac{\sigma_\mu u}{\sigma_\lambda u}\,\frac{\sigma_\nu u}{\sigma_\lambda u}, \qquad \frac{d}{du}\,\frac{\sigma_\mu u}{\sigma_\nu u} = -(e_\mu - e_\nu)\,\frac{\sigma_\lambda u}{\sigma_\nu u}\,\frac{\sigma u}{\sigma_\nu u}, \qquad \frac{d}{du}\,\frac{\sigma_\lambda u}{\sigma u} = -\frac{\sigma_\mu u}{\sigma u}\,\frac{\sigma_\nu u}{\sigma u}.$$

Die Functionen $\frac{\sigma u}{\sigma_\lambda u}$, $\frac{\sigma_\mu u}{\sigma_\nu u}$, $\frac{\sigma_\lambda u}{\sigma u}$ genügen hierbei der Bedingung, dass für den Werth $u = 0$

$$(3.)\quad \frac{\sigma u}{\sigma_\lambda u} = 0, \quad \frac{d}{du}\frac{\sigma u}{\sigma_\lambda u} = 1; \quad \frac{\sigma_\mu u}{\sigma_\nu u} = 1; \quad \frac{\sigma_\lambda u}{\sigma u} = \infty, \quad \lim \frac{\sigma^2 u}{\sigma_\lambda^2 u}\frac{d}{du}\frac{\sigma_\lambda u}{\sigma u} = -1.$$

Die angegebenen Differentialgleichungen nehmen in Folge der zwischen den Quadraten von je drei σ-Functionen bestehenden Gleichungen (Art. 24) folgende Formen an:

$$(4.)\quad \left[\frac{d}{du}\frac{\sigma u}{\sigma_\lambda u}\right]^2 = \left[1 - (e_\mu - e_\lambda)\frac{\sigma^2 u}{\sigma_\lambda^2 u}\right]\left[1 - (e_\nu - e_\lambda)\frac{\sigma^2 u}{\sigma_\lambda^2 u}\right],$$

$$(5.)\quad \left[\frac{d}{du}\frac{\sigma_\mu u}{\sigma_\nu u}\right]^2 = \left[1 - \frac{\sigma_\mu^2 u}{\sigma_\nu^2 u}\right]\left[e_\mu - e_\lambda + (e_\lambda - e_\nu)\frac{\sigma_\mu^2 u}{\sigma_\nu^2 u}\right],$$

$$(6.)\quad \left[\frac{d}{du}\frac{\sigma_\lambda u}{\sigma u}\right]^2 = \left[\frac{\sigma_\lambda^2 u}{\sigma^2 u} + e_\lambda - e_\mu\right]\left[\frac{\sigma_\lambda^2 u}{\sigma^2 u} + e_\lambda - e_\nu\right].$$

Es genügen daher die vier Functionen

$$\frac{\sigma u}{\sigma_\lambda u}, \qquad \frac{1}{\sqrt{e_\mu - e_\lambda}}\frac{\sigma_\mu u}{\sigma_\nu u}, \qquad \frac{1}{\sqrt{e_\nu - e_\lambda}}\frac{\sigma_\nu u}{\sigma_\mu u}, \qquad \frac{1}{\sqrt{e_\mu - e_\lambda}\sqrt{e_\nu - e_\lambda}}\frac{\sigma_\lambda u}{\sigma u}$$

für ξ gesetzt derselben Differentialgleichung

$$\left(\frac{d\xi}{du}\right)^2 = (1 - (e_\mu - e_\lambda)\xi^2)(1 - (e_\nu - e_\lambda)\xi^2).$$

Zu bemerken sind noch die Gleichungen:

$$(7.)\quad \frac{\sigma_\lambda'}{\sigma_\lambda}(u) - \frac{\sigma'}{\sigma}(u) = \frac{d}{du}\log\frac{\sigma_\lambda u}{\sigma u} = \frac{1}{2}\frac{\wp' u}{\wp u - e_\lambda} = -\frac{\sigma_\mu u \cdot \sigma_\nu u}{\sigma_\lambda u \cdot \sigma u},$$

$$(8.)\quad \frac{\sigma_\mu'}{\sigma_\mu}(u) - \frac{\sigma_\nu'}{\sigma_\nu}(u) = \frac{d}{du}\log\frac{\sigma_\mu u}{\sigma_\nu u} = \frac{1}{2}\frac{(e_\mu - e_\nu)\wp' u}{(\wp u - e_\mu)(\wp u - e_\nu)} = -(e_\mu - e_\nu)\frac{\sigma_\lambda u \cdot \sigma u}{\sigma_\mu u \cdot \sigma_\nu u},$$

$$(9.)\quad \frac{d}{du}\frac{\sigma_\lambda'}{\sigma_\lambda}(u) = \frac{d^2}{du^2}\log\sigma_\lambda u = -\frac{(e_\lambda - e_\mu)(e_\lambda - e_\nu)}{\wp u - e_\lambda} - e_\lambda = -(e_\lambda - e_\mu)(e_\lambda - e_\nu)\frac{\sigma^2 u}{\sigma_\lambda^2 u} - e_\lambda$$

$$= -(e_\lambda - e_\nu)\frac{\sigma_\mu^2 u}{\sigma_\lambda^2 u} - e_\nu = -(e_\lambda - e_\mu)\frac{\sigma_\nu^2 u}{\sigma_\lambda^2 u} - e_\mu.$$

$$(10.)\quad \frac{d}{du}\left(\frac{1}{e_\lambda - e_\mu}\frac{\sigma_\mu'}{\sigma_\mu}(u) + \frac{1}{e_\lambda - e_\nu}\frac{\sigma_\nu'}{\sigma_\nu}(u)\right) = \frac{(e_\mu - e_\nu)^2}{(\wp u - e_\mu)(\wp u - e_\nu)} - \frac{e_\mu}{e_\lambda - e_\mu} - \frac{e_\nu}{e_\lambda - e_\nu}.$$

Vergleichung der σ-Quotienten mit den Jacobischen elliptischen Functionen.

26.

Wenn der Modul k der Jacobischen elliptischen Functionen durch die Gleichung

$$k^2 = \frac{e_2 - e_3}{e_1 - e_3} \tag{1.}$$

bestimmt wird, so ergeben sich für die σ-Quotienten folgende Ausdrücke durch die Jacobischen elliptischen Functionen:

$$(2.)\quad \begin{array}{ll|ll}
\dfrac{\sigma u}{\sigma_3 u} = & \dfrac{1}{\sqrt{e_1-e_3}}\sin\operatorname{am}(\sqrt{e_1-e_3}\cdot u,\, k) & \dfrac{\sigma_1 u}{\sigma u} = & \sqrt{e_1-e_3}\,\dfrac{\cos\operatorname{am}(\sqrt{e_1-e_3}\cdot u,\, k)}{\sin\operatorname{am}(\sqrt{e_1-e_3}\cdot u,\, k)} \\
\dfrac{\sigma_1 u}{\sigma_3 u} = & \cos\operatorname{am}(\sqrt{e_1-e_3}\cdot u,\, k) & \dfrac{\sigma_2 u}{\sigma u} = & \sqrt{e_1-e_3}\,\dfrac{\Delta\operatorname{am}(\sqrt{e_1-e_3}\cdot u,\, k)}{\sin\operatorname{am}(\sqrt{e_1-e_3}\cdot u,\, k)} \\
\dfrac{\sigma_2 u}{\sigma_3 u} = & \Delta\operatorname{am}(\sqrt{e_1-e_3}\cdot u,\, k) & \dfrac{\sigma_3 u}{\sigma u} = & \sqrt{e_1-e_3}\,\dfrac{1}{\sin\operatorname{am}(\sqrt{e_1-e_3}\cdot u,\, k)} \\
\hline
\dfrac{\sigma_1 u}{\sigma_2 u} = & \sin\operatorname{coam}(\sqrt{e_1-e_3}\cdot u,\, k) & \dfrac{\sigma u}{\sigma_1 u} = & \dfrac{1}{\sqrt{e_1-e_3}}\operatorname{tg}\operatorname{am}(\sqrt{e_1-e_3}\cdot u,\, k) \\
\dfrac{\sigma u}{\sigma_2 u} = & \dfrac{1}{\sqrt{e_1-e_2}}\cos\operatorname{coam}(\sqrt{e_1-e_3}\cdot u,\, k) & \dfrac{\sigma_2 u}{\sigma_1 u} = & \dfrac{1}{\sin\operatorname{coam}(\sqrt{e_1-e_3}\cdot u,\, k)} \\
\dfrac{\sigma_3 u}{\sigma_2 u} = & \dfrac{\sqrt{e_1-e_3}}{\sqrt{e_1-e_2}}\Delta\operatorname{coam}(\sqrt{e_1-e_3}\cdot u,\, k) & \dfrac{\sigma_3 u}{\sigma_1 u} = & \dfrac{1}{\cos\operatorname{am}(\sqrt{e_1-e_3}\cdot u,\, k)}
\end{array}$$

$$\operatorname{coam}(\sqrt{e_1-e_3}\cdot u,\, k) = \operatorname{am}(K - \sqrt{e_1-e_3}\cdot u,\, k).$$

Der Quadratwurzel $\sqrt{e_1-e_3}$ kann hierbei jeder ihrer beiden Werthe beigelegt werden, die Entscheidung über den der Quadratwurzel $\sqrt{e_1-e_2}$ beizulegenden Werth hängt hingegen von der Uebereinkunft über die Bestimmung der Grösse K ab, welche der Definition von $\operatorname{coam}(\sqrt{e_1-e_3}\cdot u, k)$ zu Grunde liegt.

Die von Jacobi mit K bezeichnete Grösse kann nämlich jeden in dem Ausdrucke

$$\sqrt{e_1 - e_3}\,(\omega + 4p\omega + 2q\omega')$$

enthaltenen Werth annehmen, wobei p und q beliebige ganze Zahlen bezeichnen. Der in den vorstehenden Formeln vorkommenden Wurzelgrösse $\sqrt{e_1 - e_3}$ ist nun derselbe Werth wie im Art. 21, oder der entgegengesetzte Werth beizulegen, jenachdem die Zahl q grade oder ungrade ist.

Bestimmung eines primitiven Periodenpaares für das Argument der Function $\wp u$ mittelst zweier eindeutig bestimmter Grössen K und K'.

27.

Die Wurzeln der Gleichung $4s^3 - g_2 s - g_3 = 0$ mögen, — unter der Voraussetzung, dass $g_2^3 - 27g_3^2$ nicht gleich Null ist, — in irgend einer Reihenfolge mit e_1, e_2, e_3 bezeichnet werden, mit der Bedingung, dass, falls die bei der geometrischen Darstellung den drei reellen oder complexen Grössen e_1, e_2, e_3 entsprechenden Punkte in gerader Linie liegen, e_2 dem mittleren dieser drei Punkte entspricht.

Unter dieser Bedingung sind die Grössen

(1.) $$\frac{e_2 - e_3}{e_1 - e_3} = k^2, \qquad \frac{e_1 - e_2}{e_1 - e_3} = k'^2$$

so beschaffen, dass keine von beiden einen reellen negativen Werth hat und dass auch keine von beiden einen reellen positiven Werth hat, welcher grösser als 1 oder gleich 1 ist.

Mit k und k' sollen diejenigen Werthe der Quadratwurzeln aus $\frac{e_2 - e_3}{e_1 - e_3}$ und $\frac{e_1 - e_2}{e_1 - e_3}$ bezeichnet werden, deren reelle Bestandtheile positiv sind. Es hat dann auch der reelle Bestandtheil des Quotienten $\frac{k'}{k}$ einen positiven Werth.

Die Grössen K und K' sollen die Werthe der bestimmten Integrale

(2.) $$K = \int_0^1 \frac{dt}{\sqrt{1-t^2}\sqrt{1-k^2t^2}}, \qquad K' = \int_0^1 \frac{dt}{\sqrt{1-t^2}\sqrt{1-k'^2t^2}}$$

bezeichnen, vorausgesetzt, dass die Integration auf directem Wege ausgeführt*) und den Quadratwurzeln diejenigen Werthe beigelegt werden, deren reelle Bestandtheile positiv sind.

Werden nun zwei Grössen ω_1 und ω_3 durch die Gleichungen

$$(3.)\qquad \omega_1 = \frac{K}{\sqrt{e_1-e_3}},\qquad \omega_3 = \frac{K'i}{\sqrt{e_1-e_3}}$$

bestimmt, in welchen der Werth von $\sqrt{e_1-e_3}$ beliebig fixirt ist, so ist $(2\omega_1, 2\omega_3)$ ein primitives Periodenpaar des Argumentes der zu den Invarianten g_2 und g_3 gehörenden Function $\wp(u; g_2, g_3)$ und es bestehen, wenn

$$\omega_2 = \omega_1 + \omega_3$$

gesetzt wird, die Gleichungen

$$\wp\omega_1 = e_1,\qquad \wp\omega_2 = e_2,\qquad \wp\omega_3 = e_3.$$

Die reellen Bestandtheile der beiden Grössen K, K' und der reelle Bestandtheil des Quotienten

$$\frac{\omega_3}{\omega_1 i} = \frac{K'}{K}$$

haben positive Werthe.

Wenn die Grösse $\frac{e_2-e_3}{e_1-e_3} = k^2$ einen reellen Werth hat, so haben K und K' positive Werthe. In diesem Falle ist das Dreieck, dessen Ecken bei der geometrischen Darstellung den Grössen 0, $2\omega_1$, $2\omega_3$ entsprechen, ein rechtwinkliges und zwar entspricht dem Werthe 0 der Scheitel des rechten Winkels.

Das erwähnte Dreieck ist jedoch ein spitzwinkliges, wenn die Grösse k^2 eine complexe Grösse mit positiv imaginärem Bestandtheile ist; es ist ein stumpfwinkliges, wenn k^2 eine complexe Grösse mit negativ imaginärem Bestandtheile ist, und zwar entspricht dem Werthe 0 der Scheitel des stumpfen Winkels. In dem letzteren Falle sind die bei der geometrischen Darstellung den Grössen 0, $2\omega_3$, $-2\omega_1$ entsprechenden Punkte die Ecken eines spitzwinkligen Dreiecks.

Das Periodenparallelogramm, dessen Seiten bei der geometrischen Darstellung beziehlich den beiden durch die obigen Formeln bestimmten Perioden

*) An die Bestimmung, dass die Integration auf directem Wege ausgeführt werden soll, wird in den bezüglichen Formeln durch einen an das Integralzeichen angefügten Accent ($\int'$) erinnert.

$2\omega_1, 2\omega_3$ entsprechen, ist also entweder ein Rechteck, wenn k^2 einen reellen Werth hat, oder es hat, wenn dies nicht der Fall ist, die Eigenschaft, durch seine kürzere Diagonale in zwei spitzwinklige Dreiecke zerlegt zu werden.

Diese Eigenschaft ist für das auf die angegebene Weise bestimmte primitive Periodenpaar $(2\omega_1, 2\omega_3)$ charakteristisch, wenn noch die Bedingung hinzugefügt wird, dass $\wp\omega_1 = e_1$, $\wp\omega_3 = e_3$ sein und dass der reelle Bestandtheil des Quotienten $\frac{\omega_3}{\omega_1 i}$ einen positiven Werth haben soll. Denn ausser den beiden primitiven Periodenpaaren $(2\omega_1, 2\omega_3)$, $(-2\omega_1, -2\omega_3)$ gibt es kein anderes diesen Periodenpaaren aequivalentes Periodenpaar mit derselben Eigenschaft.

Bestimmung der in den Verwandlungsformeln der σ-Functionen vorkommenden Wurzelgrössen für ein specielles Periodenpaar.

28.

Unter der Voraussetzung, dass die Perioden 2ω, $2\omega''$, $2\omega'$, auf welche sich die Formeln des Art. 21 und des Art. 22 beziehen, durch die Gleichungen

$$(1.)\qquad 2\omega = 2\omega_1, \qquad 2\omega'' = 2\omega_2 \quad 2\omega_1 + 2\omega_3; \qquad 2\omega' = 2\omega_3$$

bestimmt werden, wobei ω_1 und ω_3 die im Art. 27 festgesetzten Werthe haben, ergibt sich, dass der im Art. 21 fixirte Werth der Quadratwurzel $\sqrt{e_1-e_3}$ genau übereinstimmt mit demjenigen Werthe dieser Wurzelgrösse, welcher zur Bestimmung der Grössen ω_1 und ω_3 angewendet wurde und beliebig gewählt werden konnte.

Zur Bestimmung der Werthe der übrigen in den Gleichungen des Art. 21 und des Art. 22 vorkommenden Wurzelgrössen ergeben sich, unter Beibehaltung der im Art. 27 festgestellten Bezeichnungen, die folgenden Gleichungen

$$\frac{\sigma_3\omega}{\sigma\omega} = \sqrt{e_1-e_3}, \qquad \frac{\sigma_2\omega}{\sigma_3\omega} = k', \qquad \frac{\sigma_1\omega'}{\sigma_2\omega'} = \frac{1}{k}, \qquad \frac{\sigma_1\omega''}{\sigma_3\omega''} = -\frac{k'i}{k},$$

$$(2.)\qquad \sqrt{e_2-e_3} = k\sqrt{e_1-e_3}, \qquad \sqrt{e_1-e_2} = k'\sqrt{e_1-e_3},$$

$$\sqrt{e_3-e_1} = -i\sqrt{e_1-e_3}, \qquad \sqrt{e_3-e_2} = -ik\sqrt{e_1-e_3}, \qquad \sqrt{e_2-e_1} = -ik'\sqrt{e_1-e_3}.$$

Wenn der Werth von $\sqrt[4]{e_1-e_3} = \sqrt{\sqrt{e_1-e_3}}$ beliebig fixirt wird und mit

$\sqrt{k}$, $\sqrt{k'}$ diejenigen Werthe dieser Wurzelgrössen bezeichnet werden, deren reelle Bestandtheile **positiv** sind, so gelten die Gleichungen:

$$(3.)\qquad \sqrt[4]{e_2-e_3} = \sqrt{k}\,\sqrt[4]{e_1-e_3}, \qquad \sqrt[4]{e_1-e_2} = \sqrt{k'}\,\sqrt[4]{e_1-e_3}.$$

Bestimmung der Grössen $\frac{\mathfrak{S}'}{\mathfrak{S}}(\omega_1)$ und $\frac{\mathfrak{S}'}{\mathfrak{S}}(\omega_3)$ mittelst zweier eindeutig bestimmter Grössen E und E'.

29.

Unter Zugrundelegung der im Art. 27 erklärten Bezeichnungen sollen die Grössen E und E' die Werthe der bestimmten Integrale

$$(1.)\qquad \begin{aligned} E &= \int_0^1 \frac{\sqrt{1-k^2t^2}}{\sqrt{1-t^2}}\,dt = \int_0^1 \frac{1-k^2t^2}{\sqrt{1-t^2}\,\sqrt{1-k^2t^2}}\,dt, \\ E' &= \int_0^1 \frac{\sqrt{1-k'^2t^2}}{\sqrt{1-t^2}}\,dt = \int_0^1 \frac{1-k'^2t^2}{\sqrt{1-t^2}\,\sqrt{1-k'^2t^2}}\,dt \end{aligned}$$

bezeichnen, vorausgesetzt*) dass die Integrationen **auf directem Wege** ausgeführt und den Quadratwurzeln diejenigen Werthe beigelegt werden, deren reelle Bestandtheile **positiv** sind.

Unter dieser Voraussetzung sind die Grössen $\eta_{11} = \frac{\mathfrak{S}'}{\mathfrak{S}}(\omega_1)$, $\eta_{13} = \frac{\mathfrak{S}'}{\mathfrak{S}}(\omega_3)$ durch die Gleichungen

$$(2.)\qquad \eta_{11} = \sqrt{e_1-e_3}\left\{E - \frac{e_1}{e_1-e_3}K\right\}, \qquad \eta_{13} = -i\sqrt{e_1-e_3}\left\{E' + \frac{e_3}{e_1-e_3}K'\right\}$$

bestimmt, aus denen sich

$$(3.)\qquad E = \frac{1}{\sqrt{e_1-e_3}}(\eta_{11}+e_1\omega_1), \qquad E' = \frac{i}{\sqrt{e_1-e_3}}(\eta_{13}+e_3\omega_3)$$

ergibt. Zwischen den Grössen ω_1, ω_3, η_{11}, η_{13} besteht zufolge Art. 7 (5.) die Gleichung

$$(4.)\qquad \eta_{11}\omega_3 - \omega_1\eta_{13} = \tfrac{1}{2}\pi i,$$

welche der **Legendre**schen Relation $EK'+E'K-KK' = \frac{1}{2}\pi$ entspricht.

---

*) Vergl. die Anmerkung auf Seite 32.

Darstellung der Functionen $\sigma_1 u$, $\sigma_2 u$, $\sigma_3 u$ durch unendliche Producte.

30.

Die Function $\sigma_\lambda u$ ist ebenso wie die Function σu durch ein zweifach unendliches Product darstellbar.

Wenn nämlich

(1.) $w_1 = (2\mu+1)\omega + 2\mu'\omega', \qquad w_2 = (2\mu+1)\omega + (2\mu'+1)\omega', \qquad w_3 = 2\mu\omega + (2\mu'+1)\omega'$

gesetzt wird und bei der Productbildung jeder der beiden Zahlen μ, μ' alle ganzzahligen positiven und negativen Werthe, Null eingeschlossen, beigelegt werden, so besteht für jeden der drei Werthe von λ ($\lambda = 1, 2, 3$) die Gleichung

(2.) $$\sigma_\lambda u = \sigma_\lambda(u\,|\,\omega, \omega') = e^{-\frac{1}{2} e_\lambda u^2} \prod_{w_\lambda} \left(1 - \frac{u}{w_\lambda}\right) e^{\frac{u}{w_\lambda} + \frac{1}{2}\frac{u^2}{w_\lambda^2}}.$$

31.

Die Werthe, welche die Grössen $\frac{u}{2\omega} = v$, $e^{v\pi i} = z$, $2\eta_1\omega v^2$, $e^{2\eta_1\omega v^2}$ annehmen, wenn dem Argumente u der Reihe nach die Werthe

$$u + \omega, \qquad u + \omega', \qquad u + \omega''$$

beigelegt werden, sind zusammengestellt in folgender Tabelle, in welcher $\tau = \frac{\omega'}{\omega}$ und $h = e^{\tau\pi i}$ die im Art. 6 erklärte Bedeutung haben.

	u	$u+\omega$	$u+\omega'$	$u+\omega''$
	v	$v+\frac{1}{2}$	$v+\frac{1}{2}\tau$	$v+\frac{1}{2}+\tau$
(1.)	z	iz	$h^{\frac{1}{2}}z$	$ih^{\frac{1}{2}}z$
	$2\eta_1\omega v^2$	$2\eta_1\omega v^2+\eta_1 u+\frac{1}{2}\eta_1\omega$	$2\eta_1\omega v^2+\eta_1' u+\frac{1}{2}\eta_1'\omega'+\frac{1}{4}\tau\pi i+v\pi i$	$2\eta_1\omega v^2+\eta_1'' u+\frac{1}{2}\eta_1''\omega''+\frac{1}{4}\pi i+\frac{1}{4}\tau\pi i+v\pi i$
	$e^{2\eta_1\omega v^2}$	$e^{2\eta_1\omega v^2}e^{\eta_1 u}e^{\frac{1}{2}\eta_1\omega}$	$e^{2\eta_1\omega v^2}e^{\eta_1' u}e^{\frac{1}{2}\eta_1'\omega'}h^{\frac{1}{4}}z$	$e^{2\eta_1\omega v^2}e^{\eta_1'' u}e^{\frac{1}{2}\eta_1''\omega''}\sqrt{i}\,h^{\frac{1}{4}}z$

Der Wurzelgrösse $\sqrt{i}$ ist der Werth $e^{\frac{1}{4}\pi i}$ beizulegen.

Mit Benutzung dieser Tabelle ergeben sich aus den im Art. 6 enthaltenen

Ausdrücken (7.), (8.), (9.) für die Function σu folgende Ausdrücke der Functionen $\sigma_1 u$, $\sigma_2 u$, $\sigma_3 u$ durch einfach unendliche Producte:

$$(2.)\qquad \sigma_1 u = e^{2\eta\omega v^2}\cos v\pi\,\prod_n \frac{\cos(n\tau - v)\pi}{\cos n\tau\pi}\,e^{-v\pi i}\prod_n \frac{\cos(n\tau+v)\pi}{\cos n\tau\pi}\,e^{v\pi i}$$

$$(3.)\qquad = e^{2\eta\omega v^2}\,\tfrac{1}{2}(z+z^{-1})\prod_n \frac{1+h^{2n}z^{-2}}{1+h^{2n}}\prod_n \frac{1+h^{2n}z^2}{1+h^{2n}}$$

$$(4.)\qquad = e^{2\eta\omega v^2}\cos v\pi\,\prod_n \frac{1+2h^{2n}\cos 2v\pi + h^{4n}}{(1+h^{2n})^2}.$$

$$(5.)\qquad \sigma_2 u = e^{2\eta\omega v^2}\prod_n \frac{\cos((n-\frac{1}{2})\tau - v)\pi}{\cos(n-\frac{1}{2})\tau\pi}\,e^{-v\pi i}\prod_n \frac{\cos((n-\frac{1}{2})\tau+v)\pi}{\cos(n-\frac{1}{2})\tau\pi}\,e^{v\pi i}$$

$$(6.)\qquad = e^{2\eta\omega v^2}\prod_n \frac{1+h^{2n-1}z^{-2}}{1+h^{2n-1}}\prod_n \frac{1+h^{2n-1}z^2}{1+h^{2n-1}}$$

$$(7.)\qquad = e^{2\eta\omega v^2}\prod_n \frac{1+2h^{2n-1}\cos 2v\pi + h^{4n-2}}{(1+h^{2n-1})^2}.$$

$$(8.)\qquad \sigma_3 u = e^{2\eta\omega v^2}\prod_n \frac{\sin((n-\frac{1}{2})\tau - v)\pi}{\sin(n-\frac{1}{2})\tau\pi}\,e^{-v\pi i}\prod_n \frac{\sin((n-\frac{1}{2})\tau+v)\pi}{\sin(n-\frac{1}{2})\tau\pi}\,e^{v\pi i}$$

$$(9.)\qquad = e^{2\eta\omega v^2}\prod_n \frac{1-h^{2n-1}z^{-2}}{1-h^{2n-1}}\prod_n \frac{1-h^{2n-1}z^2}{1-h^{2n-1}}$$

$$(10.)\qquad = e^{2\eta\omega v^2}\prod_n \frac{1-2h^{2n-1}\cos 2v\pi + h^{4n-2}}{(1-h^{2n-1})^2}.$$

Durch Entwickelung nach Potenzen der Grösse v und Vergleichung der Coefficienten der mit v^2 multiplicirten Glieder ergeben sich die Gleichungen

$$(11.)\qquad 2\eta\omega = -2e_1\omega^2 + \pi^2\left\{\frac{1}{2} + \sum_n \frac{4h^{2n}}{(1+h^{2n})^2}\right\},$$

$$(12.)\qquad 2\eta\omega = -2e_2\omega^2 + \pi^2\sum_n \frac{4h^{2n-1}}{(1+h^{2n-1})^2},$$

$$(13.)\qquad 2\eta\omega = -2e_3\omega^2 - \pi^2\sum_n \frac{4h^{2n-1}}{(1-h^{2n-1})^2},$$

welche der Gleichung (10.) des Art. 6 entsprechen.

Bestimmung der in den Verwandlungsformeln der σ-Functionen vorkommenden Wurzelgrössen durch einfach unendliche Producte.

32.

Wenn die Grössen H_0, H_1, H_2, H_3 durch die Gleichungen

$$(1.)\qquad \begin{aligned} H_0 &= (1-h^2)(1-h^4)(1-h^6)\cdots, & H_1 &= (1+h^2)(1+h^4)(1+h^6)\cdots, \\ H_2 &= (1+h)\,(1+h^3)(1+h^5)\cdots, & H_3 &= (1-h)\,(1-h^3)(1-h^5)\cdots \end{aligned}$$

definirt werden, in welchen die Grösse h die im Art. 6 erklärte Bedeutung hat, so ist

$$(2.)\qquad H_0 = H_0 H_1 H_2 H_3, \qquad H_1 H_2 H_3 = 1,$$

und es ergibt sich

$$(3.)\qquad \sigma\omega = \frac{2\omega}{\pi} e^{\frac{1}{2}\eta\omega} \frac{H_1^2}{H_0^2}, \quad \sigma\omega'' = \frac{2\omega}{\pi} e^{\frac{1}{2}\eta''\omega''} \sqrt{i}\, \frac{H_2^2}{2h^{\frac{1}{4}} H_0^2}, \quad \sigma\omega' = \frac{2\omega}{\pi} e^{\frac{1}{2}\eta'\omega'} i\, \frac{H_3^2}{2h^{\frac{1}{4}} H_0^2}.$$

Die im Art. 21 in eindeutiger Weise bestimmten Wurzelgrössen

$$\sqrt{e_2-e_3}, \qquad \sqrt{e_1-e_3}, \qquad \sqrt{e_1-e_2}$$

haben demnach die Werthe

$$(4.)\qquad \sqrt{e_2-e_3} = \frac{\pi}{2\omega} 4h^{\frac{1}{2}} H_0^2 H_1^4, \qquad \sqrt{e_1-e_3} = \frac{\pi}{2\omega} H_0^2 H_2^4, \qquad \sqrt{e_1-e_2} = \frac{\pi}{2\omega} H_0^2 H_3^4,$$

mithin gelten für die in den Verwandlungsformeln des Art. 22 vorkommenden Wurzelgrössen $\sqrt[4]{e_2-e_3}$, $\sqrt[4]{e_1-e_3}$, $\sqrt[4]{e_1-e_2}$ die Gleichungen

$$(5.)\qquad \begin{gathered} \sqrt[4]{e_2-e_3} = \sqrt{\frac{\pi}{2\omega}}\, 2h^{\frac{1}{4}} H_0 H_1^2, \qquad \sqrt[4]{e_1-e_3} = \sqrt{\frac{\pi}{2\omega}}\, H_0 H_2^2, \qquad \sqrt[4]{e_1-e_2} = \sqrt{\frac{\pi}{2\omega}}\, H_0 H_3^2, \\ \sqrt[4]{e_2-e_3}\sqrt[4]{e_1-e_3}\sqrt[4]{e_1-e_2} = \sqrt[8]{G} = \frac{\pi}{2\omega}\sqrt{\frac{\pi}{2\omega}}\, 2h^{\frac{1}{4}} H_0^3, \end{gathered}$$

in welchen der Werth von $\sqrt{\frac{\pi}{2\omega}}$ beliebig fixirt werden kann.

Es ergibt sich also

$$(6.)\qquad k^2 = \frac{e_2-e_3}{e_1-e_3} = 16h \left\{\frac{(1+h^2)(1+h^4)(1+h^6)\cdots}{(1+h)\,(1+h^3)(1+h^5)\cdots}\right\}^8, \qquad k'^2 = \frac{e_1-e_2}{e_1-e_3} = \left\{\frac{(1-h)(1-h^3)(1-h^5)\cdots}{(1+h)(1+h^3)(1+h^5)\cdots}\right\}^8.$$

Uebergang von dem primitiven Periodenpaare $(2\omega, 2\omega')$ zu einem äquivalenten Periodenpaare $(2\bar\omega, 2\bar\omega')$.

33.

Wenn an die Stelle des primitiven Periodenpaares $(2\omega, 2\omega')$, auf welches die in den vorhergehenden Artikeln enthaltenen Formeln sich beziehen, ein demselben äquivalentes Periodenpaar $(2\bar\omega, 2\bar\omega')$ tritt, wo

$$(1.)\qquad \bar\omega = p\omega + q\omega', \qquad \bar\omega' = p'\omega + q'\omega', \qquad pq' - qp' = 1,$$

so ist in jenen Formeln an die Stelle von

$$\begin{matrix} \omega,\ \omega',\ \omega'' = \omega + \omega' \\ \eta_1,\ \eta_1',\ \eta_1'' = \eta_1 + \eta_1' \end{matrix} \quad \text{beziehlich} \quad \begin{matrix} \bar\omega,\ \bar\omega',\ \bar\omega'' = \bar\omega + \bar\omega' \\ \bar\eta_1,\ \bar\eta_1',\ \bar\eta_1'' = \bar\eta_1 + \bar\eta_1' \end{matrix}$$

zu setzen, wobei $\bar\eta_1 = p\eta_1 + q\eta_1'$, $\bar\eta_1' = p'\eta_1 + q'\eta_1'$.

Bei dieser Vertauschung bleiben die Invarianten g_2, g_3 und die Functionen σu und $\wp u$ in Folge der Gleichungen

$$(2.)\qquad \sigma(u\,|\,\omega, \omega') = \sigma(u\,|\,\bar\omega, \bar\omega'), \qquad \wp(u\,|\,\omega, \omega') = \wp(u\,|\,\bar\omega, \bar\omega')$$

ungeändert. Der Gleichung (17.) des Art. 9 zufolge bleibt mithin bei dieser Vertauschung die Gesammtheit der drei Grössen e_1, e_2, e_3; also wegen der Gleichungen (2.) des Art. 18 auch die Gesammtheit der drei Functionen $\sigma_1 u$, $\sigma_2 u$, $\sigma_3 u$ ungeändert; dagegen können die Indices der drei Grössen e_1, e_2, e_3 und dem entsprechend die Indices der drei Functionen $\sigma_1 u$, $\sigma_2 u$, $\sigma_3 u$ ihre Werthe ändern.

Aus den in den Artikeln 6, 8, 9, 18, 21, 22, 23, 26, 31, 32 enthaltenen Formeln ergibt sich eine Anzahl neuer gleichfalls gültiger Formeln, wenn in denselben gleichzeitig die Grössen

$$(3.)\qquad \begin{matrix} \omega, & \omega'', & \omega' \\ \eta_1, & \eta_1'', & \eta_1' \\ e_1, & e_2, & e_3 \\ \sigma_1 u, & \sigma_2 u, & \sigma_3 u \\ v = \dfrac{u}{2\omega}, & \tau = \dfrac{\omega'}{\omega} & \end{matrix} \quad \text{beziehlich durch die Grössen} \quad \begin{matrix} \bar\omega, & \bar\omega'', & \bar\omega' \\ \bar\eta_1, & \bar\eta_1'', & \bar\eta_1' \\ e_\lambda, & e_\mu, & e_\nu \\ \sigma_\lambda u, & \sigma_\mu u, & \sigma_\nu u \\ v = \dfrac{u}{2\bar\omega}, & \tau = \dfrac{\bar\omega'}{\bar\omega} & \end{matrix}$$

ersetzt werden, wobei die Grössen z und h ihre Bedeutung entsprechend ändern. Hierbei sind die Indices λ, μ, ν, welche den Gleichungen

$$(4.)\qquad \begin{aligned} \wp\omega &= e_1, & \wp\omega'' &= e_2, & \wp\omega' &= e_3 \\ \wp\bar{\omega} &= e_\lambda, & \wp\bar{\omega}'' &= e_\mu, & \wp\bar{\omega}' &= e_\nu \end{aligned}$$

gemäss zu bestimmen sind, von den Resten der Zahlen p, q, p', q' in Bezug auf den Modul 2 abhängig.

Die nachfolgende Tabelle enthält die Werthe dieser Indices für jeden der sechs von einander verschiedenen Fälle, welche eintreten können.

(5.)

Reste modulo 2

	p	q	p'	q'	λ	μ	ν
I	1	0	0	1	1	2	3
II	1	0	1	1	1	3	2
III	1	1	0	1	2	1	3
IV	1	1	1	0	2	3	1
V	0	1	1	1	3	1	2
VI	0	1	1	0	3	2	1

Hiernach bestehen, wenn für λ, μ, ν die durch die vorstehende Tabelle gegebenen Werthe gesetzt werden, die Gleichungen

$$(6.)\qquad \begin{aligned} \sigma_1(u\,|\,\bar{\omega}, \bar{\omega}') &= \sigma_\lambda u = \sigma_\lambda(u\,|\,\omega, \omega'), \\ \sigma_2(u\,|\,\bar{\omega}, \bar{\omega}') &= \sigma_\mu u = \sigma_\mu(u\,|\,\omega, \omega'), \\ \sigma_3(u\,|\,\bar{\omega}, \bar{\omega}') &= \sigma_\nu u = \sigma_\nu(u\,|\,\omega, \omega'). \end{aligned}$$

Unter derselben Voraussetzung ergeben sich durch die Vertauschungen (3.) aus den Gleichungen (5.) des vorhergehenden Art. die folgenden Gleichungen, in welchen $h = e^{\tau\pi i}$, $\tau = \frac{\bar{\omega}'}{\bar{\omega}}$ zu setzen ist, während H_0, H_1, H_2, H_3 die im vorhergehenden Art. erklärten Functionen der Grösse h bedeuten:

$$(7.)\qquad \sqrt{\frac{2\bar{\omega}}{\pi}}\sqrt[4]{e_\mu - e_\nu} = 2h^{\frac{1}{4}} H_0 H_1^2 = 2h^{\frac{1}{4}} \prod_n (1-h^{2n})(1+h^{2n})^2,$$

$$(8.)\qquad \sqrt{\frac{2\bar{\omega}}{\pi}}\sqrt[4]{e_\lambda - e_\nu} = H_0 H_2^2 = \prod_n (1-h^{2n})(1+h^{2n-1})^2,$$

$$(9.)\qquad \sqrt{\frac{2\bar{\omega}}{\pi}}\sqrt[4]{e_\lambda - e_\mu} = H_0 H_3^2 = \prod_n (1-h^{2n})(1-h^{2n-1})^2,$$

$$(10.)\qquad \frac{2\bar{\omega}}{\pi}\sqrt{\frac{2\bar{\omega}}{\pi}}\sqrt[8]{G} = 2h^{\frac{1}{4}} H_0^3 = 2h^{\frac{1}{4}} \prod_n (1-h^{2n})^3.$$

Der Wurzelgrösse $\sqrt[8]{G}$ ist der Werth $\sqrt[4]{e_\mu - e_\nu}\sqrt[4]{e_\lambda - e_\nu}\sqrt[4]{e_\lambda - e_\mu}$ beizulegen. Der Werth der Wurzelgrösse $\sqrt{\frac{2\bar{\omega}}{\pi}}$ kann beliebig fixirt werden.

Unter der Voraussetzung, dass die Wurzelgrössen durch die Gleichungen (7—10.) bestimmt werden, bestehen die Gleichungen

$$(11.)\qquad \sqrt{\frac{2\omega}{\pi}}\sqrt[4]{G}\,\sigma u = e^{2\eta\omega v^2}\cdot\frac{1}{i}h^{\frac{1}{4}}(z-z^{-1})\prod_n(1-h^{2n})(1-h^{2n}z^{-2})(1-h^{2n}z^2),$$

$$(12.)\qquad \sqrt{\frac{2\omega}{\pi}}\sqrt[4]{e_\mu-e_\nu}\,\sigma_\lambda u = e^{2\eta\omega v^2}\cdot h^{\frac{1}{4}}(z+z^{-1})\prod_n(1-h^{2n})(1+h^{2n}z^{-2})(1+h^{2n}z^2),$$

$$(13.)\qquad \sqrt{\frac{2\omega}{\pi}}\sqrt[4]{e_\lambda-e_\nu}\,\sigma_\mu u = e^{2\eta\omega v^2}\prod_n(1-h^{2n})(1+h^{2n-1}z^{-2})(1+h^{2n-1}z^2),$$

$$(14.)\qquad \sqrt{\frac{2\omega}{\pi}}\sqrt[4]{e_\lambda-e_\mu}\,\sigma_\nu u = e^{2\eta\omega v^2}\prod_n(1-h^{2n})(1-h^{2n-1}z^{-2})(1-h^{2n-1}z^2),$$

$$v = \frac{u}{2\omega},\quad z = e^{v\pi i},\qquad \tau = \frac{\omega'}{\omega},\quad h = e^{\tau\pi i}.$$

Die Grösse $2\eta\omega$ kann mittelst der Gleichung (10.) des Art. 6 oder der Gleichungen (11—13.) des Art. 31 bestimmt werden, nachdem in diesen Gleichungen die angegebenen Vertauschungen (3.) vorgenommen sind.

Einführung der Thetafunctionen. Ausdruck der vier σ-Functionen durch die Functionen $\vartheta(v|\tau)$ und $\Theta(u|\omega,\omega')$.

34.

Der Werth des unendlichen Productes

$$(1.)\qquad F(z) = \prod_n(1-h^{2n})(1+h^{2n-1}z^{-2})(1+h^{2n-1}z^2)$$

kann durch eine nach Potenzen der Grösse z^2 fortschreitende unendliche Reihe dargestellt werden, welche für alle endlichen Werthe der Grösse z, den Werth $z = 0$ ausgenommen, unbedingt convergirt. Für alle Werthe der Grösse h, deren absoluter Betrag kleiner ist als 1, besteht nämlich die identische Gleichung

$$(2.)\qquad \prod_n(1-h^{2n})(1+h^{2n-1}z^{-2})(1+h^{2n-1}z^2) = 1+h(z^2+z^{-2})+h^4(z^4+z^{-4})+h^9(z^6+z^{-6})+\cdots$$
$$= 1+\sum_n h^{n^2}(z^{2n}+z^{-2n}).$$

In Folge dieser Umgestaltung des unendlichen Productes in eine unendliche Reihe ergeben sich aus den Gleichungen (11—14.) des vorhergehenden Art. folgende Darstellungen der vier σ-Functionen:

$$(3.)\quad \sqrt{\frac{2\tilde{\omega}}{\pi}}\sqrt[4]{G}\,\sigma u = e^{2\tilde{\eta}\tilde{\omega}v^2}\cdot\frac{1}{i}h^{\frac14}z\,F(h^{\frac12}zi) = e^{2\tilde{\eta}\tilde{\omega}v^2}\frac{1}{i}\sum_m(-1)^m h^{\frac14(2m+1)^2}z^{2m+1},$$

$$(4.)\quad \sqrt{\frac{2\tilde{\omega}}{\pi}}\sqrt[4]{e_\mu-e_\lambda}\,\sigma_\lambda u = e^{2\tilde{\eta}\tilde{\omega}v^2}\cdot h^{\frac14}z\,F(h^{\frac12}z) = e^{2\tilde{\eta}\tilde{\omega}v^2}\sum_m h^{\frac14(2m+1)^2}z^{2m+1},$$

$$(5.)\quad \sqrt{\frac{2\tilde{\omega}}{\pi}}\sqrt[4]{e_\lambda-e_\nu}\,\sigma_\mu u = e^{2\tilde{\eta}\tilde{\omega}v^2}\quad F(z) = e^{2\tilde{\eta}\tilde{\omega}v^2}\sum_m h^{m^2}z^{2m},$$

$$(6.)\quad \sqrt{\frac{2\tilde{\omega}}{\pi}}\sqrt[4]{e_\lambda-e_\mu}\,\sigma_\nu u = e^{2\tilde{\eta}\tilde{\omega}v^2}\quad F(zi) = e^{2\tilde{\eta}\tilde{\omega}v^2}\sum_m(-1)^m h^{m^2}z^{2m}.$$

Bei der Bildung der vorstehenden unendlichen Summen sind der Zahl m alle ganzzahligen positiven und negativen Werthe, einschliesslich der Null, beizulegen, während $z = e^{v\pi i}$ zu setzen ist.

Durch die Gleichungen

$$(7.)\quad \frac{1}{i}\sum_m(-1)^m h^{\frac14(2m+1)^2}z^{2m+1} = 2h^{\frac14}\sin v\pi - 2h^{\frac94}\sin 3v\pi + 2h^{\frac{25}{4}}\sin 5v\pi - \cdots = \vartheta_1(v),$$

$$(8.)\quad \sum_m h^{\frac14(2m+1)^2}z^{2m+1} = 2h^{\frac14}\cos v\pi + 2h^{\frac94}\cos 3v\pi + 2h^{\frac{25}{4}}\cos 5v\pi + \cdots = \vartheta_2(v),$$

$$(9.)\quad \sum_m h^{m^2}z^{2m} = 1 + 2h\cos 2v\pi + 2h^4\cos 4v\pi + 2h^9\cos 6v\pi + \cdots = \vartheta_3(v),$$

$$(10.)\quad \sum_m(-1)^m h^{m^2}z^{2m} = 1 - 2h\cos 2v\pi + 2h^4\cos 4v\pi - 2h^9\cos 6v\pi + \cdots = \vartheta_0(v)$$

$$(m = 0, \pm 1, \pm 2, \cdots \pm \infty)$$

werden die Functionen $\vartheta_1(v)$, $\vartheta_2(v)$, $\vartheta_3(v)$, $\vartheta_0(v)$ definirt, welche, wenn $v\pi = x$ gesetzt wird, bei Anwendung der Bezeichnungsweise, deren sich **Jacobi** in seinen Vorlesungen (Gesammelte Werke, Bd. I S. 501) bedient hat, mit den **Jacobi**schen Functionen $\vartheta_1(x,q)$, $\vartheta_2(x,q)$, $\vartheta_3(x,q)$, $\vartheta(x,q)$ beziehlich übereinstimmen. Die von **Jacobi** mit q bezeichnete Grösse hat dieselbe Bedeutung, wie die im Vorhergehenden mit h bezeichnete Grösse.

Herr **Hermite** bezeichnet (Journal de M. Liouville, 2me série, tome III, p. 26) für $\mu = 0, 1$, $\nu = 0, 1$ den Werth der unendlichen Reihe

$$\sum_m(-1)^{m\nu}e^{i\pi[(2m+\mu)x + \frac14\omega(2m+\mu)^2]}\quad \text{mit}\quad \theta_{\mu,\nu}(x).$$
$$(m = 0, \pm 1, \pm 2, \cdots \pm \infty)$$

Zwischen der durch die Gleichungen (7—10.) festgesetzten Bezeichnungsweise der vier Thetafunctionen $\vartheta_\varrho(v)$ ($\varrho = 1, 2, 3, 0$) und der von Herrn

Hermite angewendeten Bezeichnungsweise besteht daher, wenn $\omega = \tau$ gesetzt wird, die durch folgende Gleichungen ausgedrückte Beziehung

$$\theta_{0,0}(x) = \vartheta_3(x), \qquad \theta_{0,1}(x) = \vartheta_0(x), \qquad \theta_{1,0}(x) = \vartheta_2(x), \qquad \theta_{1,1}(x) = i\vartheta_1(x).$$

Die Functionen $\vartheta_\varrho(v)$ sollen im Folgenden, wenn es nöthig ist, eine Angabe hinsichtlich des Periodenpaares $(2\tilde{\omega}, 2\tilde{\omega}')$, auf welches diese Functionen sich beziehen, in die Bezeichnung derselben aufzunehmen, mit

$$\vartheta_\varrho\left(v\,\Big|\,\frac{\tilde{\omega}'}{\tilde{\omega}}\right) = \vartheta_\varrho(v\,|\,\tau) \qquad (\varrho = 1, 2, 3, 0) \tag{11.}$$

bezeichnet werden. Das zweite Argument wird auch Parameter der ϑ-Function genannt.

Aus der angegebenen Definition ergibt sich

$$\vartheta_3(v|\tau) + \vartheta_0(v|\tau) = 2\vartheta_3(2v|4\tau), \qquad \vartheta_3(v|\tau) - \vartheta_0(v|\tau) = 2\vartheta_2(2v|4\tau). \tag{12.}$$

Die vier Functionen $\vartheta_\varrho(v|\tau)$ genügen nebst allen ihren Ableitungen der partiellen Differentialgleichung

$$\frac{\partial\vartheta}{\partial\tau} = \frac{1}{4\pi i}\,\frac{\partial^2\vartheta}{\partial v^2}. \tag{13.}$$

Werden durch die Gleichungen

$$\Theta_\varrho(u) = \Theta_\varrho(u\,|\,\tilde{\omega}, \tilde{\omega}') = e^{2\tilde{\eta}\tilde{\omega}v^2}\,\vartheta_\varrho\left(v\,\Big|\,\frac{\tilde{\omega}'}{\tilde{\omega}}\right), \qquad u = 2\tilde{\omega}v \tag{14.}$$

für $\varrho = 1, 2, 3, 0$ vier in Bezug auf die drei Argumente $u, \tilde{\omega}, \tilde{\omega}'$ homogene Functionen definirt, so bestehen dem Vorhergehenden zufolge die Gleichungen

$$v = \frac{u}{2\tilde{\omega}}, \qquad \tau = \frac{\tilde{\omega}'}{\tilde{\omega}}, \qquad h = e^{\tau\pi i},$$

$$\sqrt{\frac{2\tilde{\omega}}{\pi}}\,\sqrt[8]{G}\,\sigma u = e^{2\tilde{\eta}\tilde{\omega}v^2}\,\vartheta_1(v|\tau) = \Theta_1(u|\tilde{\omega}, \tilde{\omega}'), \tag{15.}$$

$$\sqrt{\frac{2\tilde{\omega}}{\pi}}\,\sqrt[4]{e_\mu - e_\nu}\,\sigma_\lambda u = e^{2\tilde{\eta}\tilde{\omega}v^2}\,\vartheta_2(v|\tau) = \Theta_2(u|\tilde{\omega}, \tilde{\omega}'), \tag{16.}$$

$$\sqrt{\frac{2\tilde{\omega}}{\pi}}\,\sqrt[4]{e_\lambda - e_\nu}\,\sigma_\mu u = e^{2\tilde{\eta}\tilde{\omega}v^2}\,\vartheta_3(v|\tau) = \Theta_3(u|\tilde{\omega}, \tilde{\omega}'), \tag{17.}$$

$$\sqrt{\frac{2\tilde{\omega}}{\pi}}\,\sqrt[4]{e_\lambda - e_\mu}\,\sigma_\nu u = e^{2\tilde{\eta}\tilde{\omega}v^2}\,\vartheta_0(v|\tau) = \Theta_0(u|\tilde{\omega}, \tilde{\omega}'). \tag{18.}$$

35.

Durch Entwickelung nach Potenzen der Grösse v und Vergleichung der Anfangsglieder erhält man aus den Gleichungen (15—18.) des vorhergehenden Art. folgende Ausdrücke für die im Art. 33 (7—10.) bestimmten Wurzelgrössen:

$$(1.)\qquad \sqrt{\frac{2\bar\omega}{\pi}}\sqrt[4]{G} = \frac{1}{2\bar\omega}\vartheta_1'(0) = \frac{\pi}{\bar\omega}h^{\frac{1}{4}}(1-3h^{1\cdot2}+5h^{2\cdot3}-7h^{3\cdot4}+\cdots),$$

$$(2.)\qquad \sqrt{\frac{2\bar\omega}{\pi}}\sqrt[4]{e_\mu-e_\nu} = \vartheta_2(0) = 2h^{\frac{1}{4}}(1+h^{1\cdot2}+h^{2\cdot3}+h^{3\cdot4}+\cdots).$$

$$(3.)\qquad \sqrt{\frac{2\bar\omega}{\pi}}\sqrt[4]{e_\lambda-e_\nu} = \vartheta_3(0) = 1+2h+2h^4+2h^9+\cdots,$$

$$(4.)\qquad \sqrt{\frac{2\bar\omega}{\pi}}\sqrt[4]{e_\lambda-e_\mu} = \vartheta_0(0) = 1-2h+2h^4-2h^9+\cdots.$$

Es ergibt sich hieraus das System von Gleichungen

$$(5.)\qquad \vartheta_1'(0) = \pi\vartheta_0(0)\,\vartheta_2(0)\,\vartheta_3(0), \qquad \vartheta_0^4(0)+\vartheta_2^4(0) = \vartheta_3^4(0),$$

$$(6.)\quad e_\lambda = \frac{1}{3}\left(\frac{\pi}{2\bar\omega}\right)^2(\vartheta_3^4(0)+\vartheta_0^4(0)),\quad e_\mu = \frac{1}{3}\left(\frac{\pi}{2\bar\omega}\right)^2(\vartheta_2^4(0)-\vartheta_0^4(0)),\quad e_\nu = -\frac{1}{3}\left(\frac{\pi}{2\bar\omega}\right)^2(\vartheta_2^4(0)+\vartheta_3^4(0)),$$

$$(7.)\qquad \sqrt{\frac{2\bar\omega}{\pi}} = \frac{2h^{\frac{1}{4}}+2h^{\frac{9}{4}}+2h^{\frac{25}{4}}+\cdots}{\sqrt[4]{e_\mu-e_\nu}} = \frac{2}{\sqrt[4]{e_\lambda-e_\nu}-\sqrt[4]{e_\lambda-e_\mu}}(2h+2h^9+2h^{25}+\cdots),$$

$$(8.)\qquad \sqrt{\frac{2\bar\omega}{\pi}} = \frac{1+2h+2h^4+2h^9+\cdots}{\sqrt[4]{e_\lambda-e_\nu}} = \frac{2}{\sqrt[4]{e_\lambda-e_\nu}+\sqrt[4]{e_\lambda-e_\mu}}(1+2h^4+2h^{16}+\cdots),$$

$$(9.)\qquad \sqrt{k} = \frac{\sqrt[4]{e_\mu-e_\nu}}{\sqrt[4]{e_\lambda-e_\nu}} = \frac{\vartheta_2(0\,|\,\tau)}{\vartheta_3(0\,|\,\tau)} = \frac{2h^{\frac{1}{4}}+2h^{\frac{9}{4}}+2h^{\frac{25}{4}}+\cdots}{1+2h+2h^4+2h^9+\cdots},$$

$$(10.)\qquad \sqrt{k'} = \frac{\sqrt[4]{e_\lambda-e_\mu}}{\sqrt[4]{e_\lambda-e_\nu}} = \frac{\vartheta_0(0\,|\,\tau)}{\vartheta_3(0\,|\,\tau)} = \frac{1-2h+2h^4-2h^9+\cdots}{1+2h+2h^4+2h^9+\cdots}.$$

Zwischen der Grösse

$$(11.)\qquad l = \frac{1-\sqrt{k'}}{1+\sqrt{k'}} = \frac{\sqrt[4]{e_\lambda-e_\nu}-\sqrt[4]{e_\lambda-e_\mu}}{\sqrt[4]{e_\lambda-e_\nu}+\sqrt[4]{e_\lambda-e_\mu}} = \frac{2h+2h^9+\cdots}{1+2h^4+2h^{16}+\cdots} = \frac{\vartheta_2(0\,|\,4\tau)}{\vartheta_3(0\,|\,4\tau)}$$

und der Grösse 4τ besteht hiernach dieselbe Gleichung, wie zwischen $\sqrt{k}$ und τ.

6*

Die Gleichung (11.) ist ein specieller Fall der Gleichung

$$(12.)\qquad \frac{\sqrt[4]{e_\lambda-e_\nu}\,\sigma_\mu u-\sqrt[4]{e_\lambda-e_\mu}\,\sigma_\nu u}{\sqrt[4]{e_\lambda-e_\nu}\,\sigma_\mu u+\sqrt[4]{e_\lambda-e_\mu}\,\sigma_\nu u} = \frac{\vartheta_2(2v|4\tau)}{\vartheta_3(2v|4\tau)} = \frac{\sqrt[4]{e_\lambda-e_\nu}-\sqrt[4]{e_\lambda-e_\mu}}{\sqrt[4]{e_\lambda-e_\nu}+\sqrt[4]{e_\lambda-e_\mu}}\,\frac{\sigma_1(2u|\omega,4\omega')}{\sigma_2(2u|\omega,4\omega')},$$

welche sich aus den Gleichungen (12.) des vorhergehenden Art. ergibt.

Durch Entwickelung nach Potenzen der Grösse v und Vergleichung der Coefficienten der mit v^3, beziehungsweise mit v^2, multiplicirten Glieder erhält man aus den Gleichungen (15—18.) des vorhergehenden Art. folgende den Gleichungen (10.) des Art. 6 und (11—13.) des Art. 31 analoge Gleichungen:

$$(13.)\qquad 2\tilde\eta\tilde\omega = -\frac{1}{6}\frac{\vartheta_1'''(0)}{\vartheta_1'(0)} = \frac{\pi^2}{6}\,\frac{1-3^3h^{1\cdot2}+5^3h^{2\cdot3}-\cdots}{1-3h^{1\cdot2}+5h^{2\cdot3}-\cdots}.$$

$$(14.)\qquad 2\tilde\eta\tilde\omega = -2e_\lambda\tilde\omega^2-\frac{1}{2}\frac{\vartheta_2''(0)}{\vartheta_2(0)} = -2e_\lambda\tilde\omega^2+\frac{\pi^2}{2}\,\frac{1+3^2h^{1\cdot2}+5^2h^{2\cdot3}+\cdots}{1+h^{1\cdot2}+h^{2\cdot3}+\cdots}.$$

$$(15.)\qquad 2\tilde\eta\tilde\omega = -2e_\mu\tilde\omega^2-\frac{1}{2}\frac{\vartheta_3''(0)}{\vartheta_3(0)} = -2e_\mu\tilde\omega^2+4\pi^2\,\frac{h+4h^4+9h^9+\cdots}{1+2h+2h^4+2h^9+\cdots};$$

$$(16.)\qquad 2\tilde\eta\tilde\omega = -2e_\nu\tilde\omega^2-\frac{1}{2}\frac{\vartheta_0''(0)}{\vartheta_0(0)} = -2e_\nu\tilde\omega^2-4\pi^2\,\frac{h-4h^4+9h^9-\cdots}{1-2h+2h^4-2h^9+\cdots}.$$

Verwandlungsformeln für die ϑ-Functionen.

36.

Für die Vermehrung des Argumentes v der Functionen $\vartheta_0(v)$, $\vartheta_1(v)$, $\vartheta_2(v)$, $\vartheta_3(v)$ um eine der Grössen $\frac12$, $\frac12\tau$, $\frac12+\frac12\tau$, 1, τ, $1+\tau$, beziehungsweise um die Grösse $p+q\tau$, wo p und q ganze positive oder negative Zahlen bedeuten, gelten folgende Formeln:

$$\begin{array}{ll|ll}
\vartheta_0(v+\frac12) = & \vartheta_3(v) & \vartheta_0(v+1) = & \vartheta_0(v)\\
\vartheta_1(v+\frac12) = & \vartheta_2(v) & \vartheta_1(v+1) = & -\vartheta_1(v)\\
\vartheta_2(v+\frac12) = & -\vartheta_1(v) & \vartheta_2(v+1) = & -\vartheta_2(v)\\
\vartheta_3(v+\frac12) = & \vartheta_0(v) & \vartheta_3(v+1) = & \vartheta_3(v)
\end{array}$$

$$
\begin{aligned}
\vartheta_0(v+\tfrac{1}{2}\tau) &= ih^{-\frac{1}{4}}e^{-v\pi i}\,\vartheta_1(v) & \vartheta_0(v+\tau) &= -h^{-1}e^{-2v\pi i}\,\vartheta_0(v)\\
\vartheta_1(v+\tfrac{1}{2}\tau) &= ih^{-\frac{1}{4}}e^{-v\pi i}\,\vartheta_0(v) & \vartheta_1(v+\tau) &= -h^{-1}e^{-2v\pi i}\,\vartheta_1(v)\\
\vartheta_2(v+\tfrac{1}{2}\tau) &= h^{-\frac{1}{4}}e^{-v\pi i}\,\vartheta_3(v) & \vartheta_2(v+\tau) &= h^{-1}e^{-2v\pi i}\,\vartheta_2(v)\\
\vartheta_3(v+\tfrac{1}{2}\tau) &= h^{-\frac{1}{4}}e^{-v\pi i}\,\vartheta_2(v) & \vartheta_3(v+\tau) &= h^{-1}e^{-2v\pi i}\,\vartheta_3(v)
\end{aligned}
$$

$$
\begin{aligned}
\vartheta_0(v+\tfrac{1}{2}+\tfrac{1}{2}\tau) &= h^{-\frac{1}{4}}e^{-v\pi i}\,\vartheta_2(v) & \vartheta_0(v+1+\tau) &= -h^{-1}e^{-2v\pi i}\,\vartheta_0(v)\\
\vartheta_1(v+\tfrac{1}{2}+\tfrac{1}{2}\tau) &= h^{-\frac{1}{4}}e^{-v\pi i}\,\vartheta_3(v) & \vartheta_1(v+1+\tau) &= h^{-1}e^{-2v\pi i}\,\vartheta_1(v)\\
\vartheta_2(v+\tfrac{1}{2}+\tfrac{1}{2}\tau) &= -ih^{-\frac{1}{4}}e^{-v\pi i}\,\vartheta_0(v) & \vartheta_2(v+1+\tau) &= -h^{-1}e^{-2v\pi i}\,\vartheta_2(v)\\
\vartheta_3(v+\tfrac{1}{2}+\tfrac{1}{2}\tau) &= ih^{-\frac{1}{4}}e^{-v\pi i}\,\vartheta_1(v) & \vartheta_3(v+1+\tau) &= h^{-1}e^{-2v\pi i}\,\vartheta_3(v)
\end{aligned}
$$

$$
\begin{aligned}
\vartheta_0(v+p+q\tau) &= (-1)^{q}h^{-q^2}e^{-2qv\pi i}\,\vartheta_0(v)\\
\vartheta_1(v+p+q\tau) &= (-1)^{p+q}h^{-q^2}e^{-2qv\pi i}\,\vartheta_1(v)\\
\vartheta_2(v+p+q\tau) &= (-1)^{p}h^{-q^2}e^{-2qv\pi i}\,\vartheta_2(v)\\
\vartheta_3(v+p+q\tau) &= h^{-q^2}e^{-2qv\pi i}\,\vartheta_3(v).
\end{aligned}
$$

Grundformeln der linearen Transformation der Thetafunctionen.

37.

Aus den Gleichungen (2.) und (6.) des Art. 33 ergeben sich in Folge der Gleichungen (15—18.) des Art. 34 folgende die lineare Transformation der Θ-Functionen betreffende Formeln:

$$
(1.)\quad
\begin{aligned}
\Theta_1(u\,|\,\tilde{\omega},\tilde{\omega}') &= \varepsilon_1\sqrt{\tfrac{\tilde{\omega}}{\omega}}\,\Theta_1(u\,|\,\omega,\omega'), & \Theta_2(u\,|\,\tilde{\omega},\tilde{\omega}') &= \varepsilon_2\sqrt{\tfrac{\tilde{\omega}}{\omega}}\,\Theta_\alpha(u\,|\,\omega,\omega'),\\
\Theta_3(u\,|\,\tilde{\omega},\tilde{\omega}') &= \varepsilon_3\sqrt{\tfrac{\tilde{\omega}}{\omega}}\,\Theta_\beta(u\,|\,\omega,\omega'), & \Theta_0(u\,|\,\tilde{\omega},\tilde{\omega}') &= \varepsilon_0\sqrt{\tfrac{\tilde{\omega}}{\omega}}\,\Theta_\gamma(u\,|\,\omega,\omega').
\end{aligned}
$$

In diesen Formeln bedeuten α, β, γ die drei Zahlen 2, 3, 0 mit der Bestimmung, dass $\alpha \equiv \lambda+1$, $\beta \equiv \mu+1$, $\gamma \equiv \nu+1$ (mod. 4). Die Grössen ε_1, ε_2, ε_3, ε_0 bedeuten achte Wurzeln der Einheit.

Die einfachsten linearen Transformationen, aus denen alle anderen linearen Transformationen $\begin{bmatrix} p, q \\ p', q' \end{bmatrix}$ zusammengesetzt werden können, sind die Transformationen $\begin{bmatrix} 1, 0 \\ 1, 1 \end{bmatrix}$ und $\begin{bmatrix} 0, 1 \\ -1, 0 \end{bmatrix}$, durch welche die Grösse τ in $\tau+1$, beziehungsweise in $\tau_1 = -\frac{1}{\tau}$ übergeführt wird. Für diese speciellen Transformationen gelten folgende Grundformeln:

$$(2.)\quad \begin{aligned}
\Theta_1(u\,|\,\omega, \omega') &= i^{-\frac{1}{2}}\Theta_1(u\,|\,\omega, \omega'+\omega) & \Theta_1(u\,|\,\omega, \omega') &= i\sqrt{\tfrac{\omega i}{\omega'}}\,\Theta_1(u\,|\,\omega', -\omega)\\
\Theta_2(u\,|\,\omega, \omega') &= i^{-\frac{1}{2}}\Theta_2(u\,|\,\omega, \omega'+\omega) & \Theta_2(u\,|\,\omega, \omega') &= \sqrt{\tfrac{\omega i}{\omega'}}\,\Theta_0(u\,|\,\omega', -\omega)\\
\Theta_3(u\,|\,\omega, \omega') &= \Theta_0(u\,|\,\omega, \omega'+\omega) & \Theta_3(u\,|\,\omega, \omega') &= \sqrt{\tfrac{\omega i}{\omega'}}\,\Theta_3(u\,|\,\omega', -\omega)\\
\Theta_0(u\,|\,\omega, \omega') &= \Theta_3(u\,|\,\omega, \omega'+\omega) & \Theta_0(u\,|\,\omega, \omega') &= \sqrt{\tfrac{\omega i}{\omega'}}\,\Theta_2(u\,|\,\omega', -\omega).
\end{aligned}$$

$$(3.)\quad \begin{aligned}
\vartheta_1(v\,|\,\tau) &= i^{-\frac{1}{2}}\vartheta_1(v\,|\,\tau+1) & \vartheta_1(v\,|\,\tau) &= -i\sqrt{-\tau_1 i}\;e^{\tau_1\pi i v^2}\vartheta_1(\tau_1 v\,|\,\tau_1)\\
\vartheta_2(v\,|\,\tau) &= i^{-\frac{1}{2}}\vartheta_2(v\,|\,\tau+1) & \vartheta_2(v\,|\,\tau) &= \sqrt{-\tau_1 i}\;e^{\tau_1\pi i v^2}\vartheta_0(\tau_1 v\,|\,\tau_1)\\
\vartheta_3(v\,|\,\tau) &= \vartheta_0(v\,|\,\tau+1) & \vartheta_3(v\,|\,\tau) &= \sqrt{-\tau_1 i}\;e^{\tau_1\pi i v^2}\vartheta_3(\tau_1 v\,|\,\tau_1)\\
\vartheta_0(v\,|\,\tau) &= \vartheta_3(v\,|\,\tau+1) & \vartheta_0(v\,|\,\tau) &= \sqrt{-\tau_1 i}\;e^{\tau_1\pi i v^2}\vartheta_2(\tau_1 v\,|\,\tau_1).
\end{aligned}$$

Der Quadratwurzel $\sqrt{\frac{\omega i}{\omega'}} = \sqrt{\frac{i}{\tau}} = \sqrt{-\tau_1 i}$ ist derjenige ihrer beiden Werthe beizulegen, dessen reeller Bestandtheil positiv ist. Der Grösse $i^{-\frac{1}{2}}$ ist der Werth $e^{-\frac{1}{4}\pi i}$ beizulegen.

Aus den vorstehenden Formeln erhält man folgende analytische Darstellungen der vier Functionen $\vartheta(v\,|\,\tau)$:

$$(4.)\quad \begin{aligned}
\vartheta_1(v\,|\,\tau) &= \sqrt{-\tau_1 i}\sum_m (-1)^m e^{\tau_1\pi i(v-\frac{1}{2}+m)^2} & \vartheta_3(v\,|\,\tau) &= \sqrt{-\tau_1 i}\sum_m e^{\tau_1\pi i(v+m)^2}\\
\vartheta_2(v\,|\,\tau) &= \sqrt{-\tau_1 i}\sum_m (-1)^m e^{\tau_1\pi i(v+m)^2} & \vartheta_0(v\,|\,\tau) &= \sqrt{-\tau_1 i}\sum_m e^{\tau_1\pi i(v-\frac{1}{2}+m)^2}
\end{aligned}$$

$$(m = 0, \pm 1, \pm 2, \cdots \pm \infty).$$

Additionstheoreme der σ- und Θ-Functionen.

38.

Wenn mit u, u_1, u_2, u_3 vier beliebige Grössen bezeichnet werden, so ergibt sich aus der identischen Gleichung

$$(\wp u-\wp u_1)(\wp u_2-\wp u_3)+(\wp u-\wp u_2)(\wp u_3-\wp u_1)+(\wp u-\wp u_3)(\wp u_1-\wp u_2) = 0$$

durch wiederholte Anwendung der Formel (1.) des Art. 11 die Gleichung

$$\begin{aligned} &\sigma(u+u_1)\,\sigma(u-u_1)\,\sigma(u_2+u_3)\,\sigma(u_2-u_3)\\ (1.)\qquad &+\sigma(u+u_2)\,\sigma(u-u_2)\,\sigma(u_3+u_1)\,\sigma(u_3-u_1)\\ &+\sigma(u+u_3)\,\sigma(u-u_3)\,\sigma(u_1+u_2)\,\sigma(u_1-u_2) = 0, \end{aligned}$$

welche für alle Werthe der Grössen u, u_1, u_2, u_3 Geltung hat.

Durch die Gleichungen

$$(2.)\qquad \begin{array}{llll} u+u_1 = a, & u-u_1 = b, & u_2+u_3 = c, & u_2-u_3 = d,\\ u+u_2 = a', & u-u_2 = b', & u_3+u_1 = c', & u_3-u_1 = d',\\ u+u_3 = a'', & u-u_3 = b'', & u_1+u_2 = c'', & u_1-u_2 = d'' \end{array}$$

werden drei Systeme von je vier Grössen a, b, c, d; a', b', c', d'; a'', b'', c'', d'' eingeführt, zwischen welchen folgende Beziehungen bestehen:

$$(3.)\qquad \begin{array}{l|l|l} a' = \frac{1}{2}(a+b+c+d) & a'' = \frac{1}{2}(a'+b'+c'+d') & a = \frac{1}{2}(a''+b''+c''+d'')\\ b' = \frac{1}{2}(a+b-c-d) & b'' = \frac{1}{2}(a'+b'-c'-d') & b = \frac{1}{2}(a''+b''-c''-d'')\\ c' = \frac{1}{2}(a-b+c-d) & c'' = \frac{1}{2}(a'-b'+c'-d') & c = \frac{1}{2}(a''-b''+c''-d'')\\ d' = \frac{1}{2}(-a+b+c-d) & d'' = \frac{1}{2}(-a'+b'+c'-d') & d = \frac{1}{2}(-a''+b''+c''-d'')\\ \hline a'' = \frac{1}{2}(a+b+c-d) & a = \frac{1}{2}(a'+b'+c'-d') & a' = \frac{1}{2}(a''+b''+c''-d'')\\ b'' = \frac{1}{2}(a+b-c+d) & b = \frac{1}{2}(a'+b'-c'+d') & b' = \frac{1}{2}(a''+b''-c''+d'')\\ c'' = \frac{1}{2}(a-b+c+d) & c = \frac{1}{2}(a'-b'+c'+d') & c' = \frac{1}{2}(a''-b''+c''+d'')\\ d'' = \frac{1}{2}(a-b-c-d) & d = \frac{1}{2}(a'-b'-c'-d') & d' = \frac{1}{2}(a''-b''-c''-d'') \end{array}$$

$$(3^*)\qquad a^2+b^2+c^2+d^2 = a'^2+b'^2+c'^2+d'^2 = a''^2+b''^2+c''^2+d''^2.$$

Aus den Gleichungen (3.) ergibt sich, dass jedes einzelne der drei Systeme von je vier Grössen a, b, c, d; a', b', c', d'; a'', b'', c'', d'' als ein System von vier unabhängig veränderlichen Grössen betrachtet werden kann.

In der Gleichung (1., mögen nun an die Stelle der Grössen $u+u_1$, $u-u_1$, u_2+u_3, u_2-u_3 der Reihe nach folgende Grössen gesetzt werden:

$$[1]\ a, b, c, d;\ [2]\ a+\tilde{\omega}, b+\tilde{\omega}, c, d;\ [3]\ a+\tilde{\omega}, b+\tilde{\omega}'', c-\tilde{\omega}', d;\ [4]\ a+\tilde{\omega}'', b+\tilde{\omega}'', c+\tilde{\omega}', d-\tilde{\omega}';$$
$$[5]\ a+\tilde{\omega}+2\tilde{\omega}', b+\tilde{\omega}, c+\tilde{\omega}, d-\tilde{\omega};\ [6]\ a+\tilde{\omega}, b+\tilde{\omega}, c+\tilde{\omega}, d-\tilde{\omega},$$

wobei $\tilde{\omega}$, $\tilde{\omega}''$, $\tilde{\omega}'$ die im Art. 33 erklärte Bedeutung haben. Dann ergeben sich unter Benutzung der Gleichungen (3.) und der Verwandlungsformeln der σ-Functionen nach jedesmaliger Abtrennung eines den drei Gliedern der entstandenen Gleichung gemeinsamen Exponentialfactors die in der Tabelle [A.] zusammengestellten Gleichungen. Die Indices λ, μ, ν bedeuten in irgend einer Reihenfolge die Zahlen 1, 2, 3.

[A.]

$$[1]\quad \sigma a\,\sigma b\,\sigma c\,\sigma d + \sigma a'\,\sigma b'\,\sigma c'\,\sigma d' + \sigma a''\,\sigma b''\,\sigma c''\,\sigma d'' = 0$$
$$[2]\quad \sigma_\lambda a\,\sigma_\lambda b\,\sigma c\,\sigma d + \sigma_\lambda a'\,\sigma_\lambda b'\,\sigma c'\,\sigma d' + \sigma_\lambda a''\,\sigma_\lambda b''\,\sigma c''\,\sigma d'' = 0$$
$$[3]\quad \sigma_\lambda a\,\sigma_\mu b\,\sigma_\nu c\,\sigma d + \sigma_\lambda a'\,\sigma_\mu b'\,\sigma_\nu c'\,\sigma d' + \sigma_\lambda a''\,\sigma_\mu b''\,\sigma_\nu c''\,\sigma d'' = 0$$
$$[4]\quad \sigma_\mu a\,\sigma_\mu b\,\sigma_\nu c\,\sigma_\nu d - \sigma_\mu a'\,\sigma_\mu b'\,\sigma_\nu c'\,\sigma_\nu d' + (e_\mu - e_\nu)\,\sigma_\lambda a''\,\sigma_\lambda b''\,\sigma c''\,\sigma d'' = 0$$
$$[5]\quad (e_\mu - e_\nu)\,\sigma_\lambda a\,\sigma_\lambda b\,\sigma_\lambda c\,\sigma_\lambda d + (e_\nu - e_\lambda)\,\sigma_\mu a'\,\sigma_\mu b'\,\sigma_\mu c'\,\sigma_\mu d' + (e_\lambda - e_\mu)\,\sigma_\nu a''\,\sigma_\nu b''\,\sigma_\nu c''\,\sigma_\nu d'' = 0$$
$$[6]\quad \sigma_\lambda a\,\sigma_\lambda b\,\sigma_\lambda c\,\sigma_\lambda d - \sigma_\lambda a'\,\sigma_\lambda b'\,\sigma_\lambda c'\,\sigma_\lambda d' + (e_\lambda - e_\nu)(e_\lambda - e_\mu)\,\sigma a''\,\sigma b''\,\sigma c''\,\sigma d'' = 0.$$

Aus diesen Additionstheoremen der σ-Functionen erhält man vermittelst der Gleichungen (15—18.) des Art. 34 die entsprechenden in der Tabelle [B.] zusammengestellten Additionstheoreme der Θ-Functionen. Die Indices α, β, γ bedeuten in irgend einer Reihenfolge die Zahlen 2, 3, 0.

[B.]

$$[1]\quad \Theta_1 a\,\Theta_1 b\,\Theta_1 c\,\Theta_1 d + \Theta_1 a'\,\Theta_1 b'\,\Theta_1 c'\,\Theta_1 d' + \Theta_1 a''\,\Theta_1 b''\,\Theta_1 c''\,\Theta_1 d'' = 0$$
$$[2]\quad \Theta_\alpha a\,\Theta_\alpha b\,\Theta_1 c\,\Theta_1 d + \Theta_\alpha a'\,\Theta_\alpha b'\,\Theta_1 c'\,\Theta_1 d' + \Theta_\alpha a''\,\Theta_\alpha b''\,\Theta_1 c''\,\Theta_1 d'' = 0$$
$$[3]\quad \Theta_\alpha a\,\Theta_\beta b\,\Theta_\gamma c\,\Theta_1 d + \Theta_\alpha a'\,\Theta_\beta b'\,\Theta_\gamma c'\,\Theta_1 d' + \Theta_\alpha a''\,\Theta_\beta b''\,\Theta_\gamma c''\,\Theta_1 d'' = 0$$
$$[4]\quad \Theta_\beta a\,\Theta_\beta b\,\Theta_\gamma c\,\Theta_\gamma d - \Theta_\beta a'\,\Theta_\beta b'\,\Theta_\gamma c'\,\Theta_\gamma d' \pm \Theta_\alpha a''\,\Theta_\alpha b''\,\Theta_1 c''\,\Theta_1 d'' = 0$$
$$[5]\quad \Theta_2 a\,\Theta_2 b\,\Theta_2 c\,\Theta_2 d - \Theta_3 a'\,\Theta_3 b'\,\Theta_3 c'\,\Theta_3 d' \pm \Theta_0 a''\,\Theta_0 b''\,\Theta_0 c''\,\Theta_0 d'' = 0$$
$$[6]\quad \Theta_\alpha a\,\Theta_\alpha b\,\Theta_\alpha c\,\Theta_\alpha d - \Theta_\alpha a'\,\Theta_\alpha b'\,\Theta_\alpha c'\,\Theta_\alpha d' \pm \Theta_1 a''\,\Theta_1 b''\,\Theta_1 c''\,\Theta_1 d'' = 0.$$

In der Gleichung [B. 4] hat

für $(\alpha, \beta, \gamma) = (2, 3, 0)$, $(0, 2, 3)$, $(3, 2, 0)$ das obere Zeichen,

für $(\alpha, \beta, \gamma) = (2, 0, 3)$, $(0, 3, 2)$, $(3, 0, 2)$ das untere Zeichen

Geltung. In der Gleichung [B. 6] gilt für $\alpha = 2$ und für $\alpha = 0$ das obere, für $\alpha = 3$ das untere Zeichen.

Bei dem Uebergange von den Functionen $\Theta(u)$ zu den Functionen $\mathfrak{S}(v)$ ergibt sich aus den Gleichungen der Tabelle [B.] nach Abtrennung eines Exponentialfactors mit dem Exponenten $\frac{\eta}{2\omega}(a^2+b^2+c^2+d^2)$ unter Berücksichtigung der Gleichungen (3.*) ein System ganz analoger auf die Functionen $\mathfrak{S}(v)$ sich beziehender Gleichungen, welche dieselbe Form haben, wie die Gleichungen der Tabelle [B.].

Die Argumente der in den Gleichungen der Tabelle [A.] auftretenden σ-Functionen hängen ab von vier von einander unabhängigen veränderlichen Grössen. Diese Zahl erniedrigt sich, wenn einem oder zweien der erwähnten Argumente der Werth Null beigelegt wird. Aus den auf diese Weise sich ergebenden speciellen Fällen der in der Tabelle [A.] enthaltenen Formeln, in welchen die Indices λ, μ, ν beliebig permutirt werden können, sind die in den Tabellen [C.] und [D.] zusammengestellten Formeln hergeleitet. Die Argumente der hierbei in Betracht kommenden σ-Functionen sind durch drei von einander unabhängige unbeschränkt veränderliche Grössen u, v, w ausgedrückt, während die Indices λ, μ, ν in irgend einer Reihenfolge die Zahlen 1, 2, 3 bedeuten.

Aus	[A. 2]	sind hergeleitet	[C. 1, 16, 19]	und	[D. 1],
„	[A. 3]	„ „	[C. 7, 8, 13, 14, 17, 18]	„	[D. 7, 8],
„	[A. 4]	„ „	[C. 2, 5, 6, 9, 10, 11, 12, 15, 20]	„	[D. 2, 5, 6, 9],
„	[A. 5]	„ „	[C. 4]	„	[D. 4],
„	[A. 6]	„ „	[C. 3]	„	[D. 3].

Die Substitutionen, durch welche der Uebergang von einer Gleichung der Tabelle [A.] zu einer Gleichung der Tabelle [C.] oder [D.] vermittelt wird, und die eventuell anzuwendende Permutation der Indices ergeben sich in jedem einzelnen Falle ohne Schwierigkeit aus der Vergleichung der einander entsprechenden Glieder beider Gleichungen.

Die rechten Seiten der Gleichungen [C. 7] und [C. 8] enthalten, vom Vorzeichen abgesehen, dieselben Glieder, wie die rechten Seiten der Gleichungen [C. 13] und [C. 14] und wie die rechten Seiten der Gleichungen [C. 17] und [C. 18].

[C.]

$$[1]\quad \sigma_\lambda(w)\,\sigma(u+v+w)\,\sigma(u-v) \qquad \sigma(u+w)\,\sigma(u)\,\sigma_\lambda(v+w)\,\sigma_\lambda(v) - \sigma_\lambda(u+w)\,\sigma_\lambda(u)\,\sigma(v+w)\,\sigma(v)$$

$$[2]\quad (e_\nu-e_\mu)\,\sigma_\lambda(w)\,\sigma(u+v+w)\,\sigma(u-v) = \sigma_\mu(u+w)\,\sigma_\mu(u)\,\sigma_\nu(v+w)\,\sigma_\nu(v) - \sigma_\nu(u+w)\,\sigma_\nu(u)\,\sigma_\mu(v+w)\,\sigma_\mu(v)$$

$$[3]\quad \sigma_\lambda(w)\,\sigma_\lambda(u+v+w)\,\sigma_\lambda(u-v) = \sigma_\lambda(u+w)\,\sigma_\lambda(u)\,\sigma_\lambda(v+w)\,\sigma_\lambda(v) - (e_\lambda-e_\nu)(e_\lambda-e_\mu)\,\sigma(u+w)\,\sigma(u)\,\sigma(v+w)\,\sigma(v)$$

$$[4]\quad (e_\nu-e_\mu)\,\sigma_\lambda(w)\,\sigma_\lambda(u+v+w)\,\sigma_\lambda(u-v) = (e_\lambda-e_\mu)\,\sigma_\nu(u+w)\,\sigma_\nu(u)\,\sigma_\nu(v+w)\,\sigma_\nu(v) - (e_\lambda-e_\nu)\,\sigma_\mu(u+w)\,\sigma_\mu(u)\,\sigma_\mu(v+w)\,\sigma_\mu(v)$$

$$[5]\quad \sigma_\mu(w)\,\sigma_\lambda(u+v+w)\,\sigma_\lambda(u-v) = \sigma_\mu(u+w)\,\sigma_\mu(u)\,\sigma_\lambda(v+w)\,\sigma_\lambda(v) - (e_\lambda-e_\mu)\,\sigma(u+w)\,\sigma(u)\,\sigma_\nu(v+w)\,\sigma_\nu(v)$$

$$[6]\quad \sigma_\mu(w)\,\sigma_\lambda(u+v+w)\,\sigma_\lambda(u-v) = \sigma_\lambda(u+w)\,\sigma_\lambda(u)\,\sigma_\mu(v+w)\,\sigma_\mu(v) - (e_\lambda-e_\mu)\,\sigma_\nu(u+w)\,\sigma_\nu(u)\,\sigma(v+w)\,\sigma(v)$$

$$[7]\quad \sigma_\mu(w)\,\sigma_\lambda(u+v+w)\,\sigma(u-v) = \sigma_\lambda(u+w)\,\sigma(u)\,\sigma_\mu(v+w)\,\sigma_\nu(v) - \sigma_\mu(u+w)\,\sigma_\nu(u)\,\sigma_\lambda(v+w)\,\sigma(v)$$

$$[8]\quad \sigma_\mu(w)\,\sigma_\lambda(u+v+w)\,\sigma(u-v) = \sigma(u+w)\,\sigma_\lambda(u)\,\sigma_\nu(v+w)\,\sigma_\mu(v) - \sigma_\nu(u+w)\,\sigma_\mu(u)\,\sigma(v+w)\,\sigma_\lambda(v)$$

$$[9]\quad \sigma_\mu(w)\,\sigma_\mu(u+v+w)\,\sigma_\lambda(u-v) = \sigma_\mu(u+w)\,\sigma_\lambda(u)\,\sigma_\mu(v+w)\,\sigma_\lambda(v) - (e_\mu-e_\lambda)\,\sigma_\nu(u+w)\,\sigma(u)\,\sigma_\nu(v+w)\,\sigma(v)$$

$$[10]\quad \sigma_\mu(w)\,\sigma_\mu(u+v+w)\,\sigma_\lambda(u-v) = \sigma_\lambda(u+w)\,\sigma_\mu(u)\,\sigma_\lambda(v+w)\,\sigma_\mu(v) - (e_\mu-e_\lambda)\,\sigma(u+w)\,\sigma_\nu(u)\,\sigma(v+w)\,\sigma_\nu(v)$$

$$[11]\quad \sigma_\lambda(w)\,\sigma_\mu(u+v+w)\,\sigma_\lambda(u-v) = \sigma_\lambda(u+w)\,\sigma_\mu(u)\,\sigma_\mu(v+w)\,\sigma_\lambda(v) - (e_\mu-e_\lambda)\,\sigma_\nu(u+w)\,\sigma(u)\,\sigma(v+w)\,\sigma_\nu(v)$$

$$[12]\quad \sigma_\lambda(w)\,\sigma_\mu(u+v+w)\,\sigma_\lambda(u-v) = \sigma_\mu(u+w)\,\sigma_\lambda(u)\,\sigma_\lambda(v+w)\,\sigma_\mu(v) - (e_\mu-e_\lambda)\,\sigma(u+w)\,\sigma_\nu(u)\,\sigma_\nu(v+w)\,\sigma(v)$$

$$[13]\quad \sigma_\nu(w)\,\sigma(u+v+w)\,\sigma_\lambda(u-v) = \sigma_\lambda(u+w)\,\sigma(u)\,\sigma_\mu(v+w)\,\sigma_\nu(v) + \sigma_\nu(u+w)\,\sigma_\mu(u)\,\sigma(v+w)\,\sigma_\lambda(v)$$

$$[14]\quad \sigma_\nu(w)\,\sigma(u+v+w)\,\sigma_\lambda(u-v) = \sigma(u+w)\,\sigma_\lambda(u)\,\sigma_\nu(v+w)\,\sigma_\mu(v) + \sigma_\mu(u+w)\,\sigma_\nu(u)\,\sigma_\lambda(v+w)\,\sigma(v)$$

$$[15]\quad (e_\nu-e_\mu)\,\sigma(w)\,\sigma_\lambda(u+v+w)\,\sigma(u-v) = \sigma_\mu(u+w)\,\sigma_\nu(u)\,\sigma_\nu(v+w)\,\sigma_\mu(v) - \sigma_\nu(u+w)\,\sigma_\mu(u)\,\sigma_\mu(v+w)\,\sigma_\nu(v)$$

$$[16]\quad \sigma(w)\,\sigma_\lambda(u+v+w)\,\sigma(u-v) = \sigma_\lambda(u+w)\,\sigma(u)\,\sigma(v+w)\,\sigma_\lambda(v) - \sigma(u+w)\,\sigma_\lambda(u)\,\sigma_\lambda(v+w)\,\sigma(v)$$

$$[17]\quad \sigma(w)\,\sigma_\nu(u+v+w)\,\sigma_\mu(u-v) = \sigma_\nu(u+w)\,\sigma_\mu(u)\,\sigma(v+w)\,\sigma_\lambda(v) - \sigma_\mu(u+w)\,\sigma_\nu(u)\,\sigma_\lambda(v+w)\,\sigma(v)$$

$$[18]\quad \sigma(w)\,\sigma_\nu(u+v+w)\,\sigma_\mu(u-v) = \sigma(u+w)\,\sigma_\lambda(u)\,\sigma_\nu(v+w)\,\sigma_\mu(v) - \sigma_\lambda(u+w)\,\sigma(u)\,\sigma_\mu(v+w)\,\sigma_\nu(v)$$

$$[19]\quad \sigma(w)\,\sigma(u+v+w)\,\sigma_\lambda(u-v) = \sigma(u+w)\,\sigma_\lambda(u)\,\sigma(v+w)\,\sigma_\lambda(v) - \sigma_\lambda(u+w)\,\sigma(u)\,\sigma_\lambda(v+w)\,\sigma(v)$$

$$[20]\quad (e_\nu-e_\mu)\,\sigma(w)\,\sigma(u+v+w)\,\sigma_\lambda(u-v) = \sigma_\mu(u+w)\,\sigma_\nu(u)\,\sigma_\mu(v+w)\,\sigma_\nu(v) - \sigma_\nu(u+w)\,\sigma_\mu(u)\,\sigma_\nu(v+w)\,\sigma_\mu(v).$$

Wenn der Grösse v in den Formeln [1—14] der vorstehenden Tabelle der Werth Null beigelegt wird, so ergeben sich die in der Tabelle [D.] zusammengestellten Formeln.

[D.]

[1] $$\sigma(u+v)\,\sigma(u-v) = \sigma^2 u\,\sigma_\lambda^2 v - \sigma_\lambda^2 u\,\sigma^2 v$$

[2] $$(e_\nu - e_\mu)\,\sigma(u+v)\,\sigma(u-v) = \sigma_\mu^2 u\,\sigma_\nu^2 v - \sigma_\nu^2 u\,\sigma_\mu^2 v$$

[3] $$\sigma_\lambda(u+v)\,\sigma_\lambda(u-v) = \sigma_\lambda^2 u\,\sigma_\lambda^2 v - (e_\lambda - e_\mu)(e_\lambda - e_\nu)\,\sigma^2 u\,\sigma^2 v$$

[4] $$(e_\nu - e_\mu)\,\sigma_\lambda(u+v)\,\sigma_\lambda(u-v) = (e_\lambda - e_\mu)\,\sigma_\nu^2 u\,\sigma_\nu^2 v - (e_\lambda - e_\nu)\,\sigma_\mu^2 u\,\sigma_\mu^2 v$$

[5] $$\sigma_\lambda(u+v)\,\sigma_\lambda(u-v) = \sigma_\mu^2 u\,\sigma_\lambda^2 v - (e_\lambda - e_\mu)\,\sigma^2 u\,\sigma_\nu^2 v$$

[6] $$\sigma_\lambda(u+v)\,\sigma_\lambda(u-v) = \sigma_\lambda^2 u\,\sigma_\mu^2 v - (e_\lambda - e_\mu)\,\sigma_\nu^2 u\,\sigma^2 v$$

[7] $$\sigma_\lambda(u+v)\,\sigma(u-v) = \sigma_\lambda u\,\sigma u\,\sigma_\mu v\,\sigma_\nu v - \sigma_\mu u\,\sigma_\nu u\,\sigma_\lambda v\,\sigma v$$

[8] $$\sigma(u+v)\,\sigma_\lambda(u-v) = \sigma_\lambda u\,\sigma u\,\sigma_\mu v\,\sigma_\nu v + \sigma_\mu u\,\sigma_\nu u\,\sigma_\lambda v\,\sigma v$$

[9] $$\sigma_\mu(u+v)\,\sigma_\lambda(u-v) = \sigma_\lambda u\,\sigma_\mu u\,\sigma_\lambda v\,\sigma_\mu v - (e_\mu - e_\lambda)\,\sigma u\,\sigma_\nu u\,\sigma v\,\sigma_\nu v.$$

Aus den in der vorstehenden Tabelle enthaltenen Formeln ergeben sich auf sehr einfache Weise die für die Quotienten zweier σ-Functionen geltenden Additionstheoreme.

Man erhält beispielsweise durch Verbindung von [D. 8] mit [D. 3], indem der Factor $\sigma_\lambda(u-v)$ bei der Division fortfällt, $\frac{\sigma(u+v)}{\sigma_\lambda(u+v)}$ rational ausgedrückt durch

$$\frac{\sigma u}{\sigma_\lambda u},\quad \frac{\sigma_\mu u}{\sigma_\lambda u},\quad \frac{\sigma_\nu u}{\sigma_\lambda u},\quad \frac{\sigma v}{\sigma_\lambda v},\quad \frac{\sigma_\mu v}{\sigma_\lambda v},\quad \frac{\sigma_\nu v}{\sigma_\lambda v}.$$

Andere Ausdrücke für die Grösse $\frac{\sigma(u+v)}{\sigma_\lambda(u+v)}$ erhält man durch Verbindung von [D. 8] mit [D. 4], [D. 5] und [D. 6]; von [D. 8] mit [D. 9] und nachfolgende Vertauschung von λ und μ, endlich durch Verbindung von [D. 1] und [D. 2] mit [D. 7].

Analogerweise erhält man verschiedene Ausdrücke für die Grösse $\frac{\sigma_\mu(u+v)}{\sigma_\lambda(u+v)}$ durch Verbindung von [D. 9] mit [D. 3], [D. 4], [D. 5] und [D. 6], oder indem man mittelst [D. 7] $\sigma_\mu(u+v)\,\sigma(u-v)$ und $\sigma_\lambda(u+v)\,\sigma(u-v)$ berechnet und aus den erhaltenen Grössen den Quotienten bildet, oder endlich, indem man mittelst [D. 9] $\sigma_\mu(u+v)\,\sigma_\nu(u-v)$ und $\sigma_\lambda(u+v)\,\sigma_\nu(u-v)$ berechnet und aus den erhaltenen Grössen den Quotienten bildet.

Die Functionen $E(u)$, $Z(u)$, $\Omega(u)$, $\Theta(u)$, $H(u)$, $\Pi(u,a)$ Jacobi's.

39.

Die Functionen, welche Jacobi mit $E(u)$, $Z(u)$, $\Omega(u)$, $\Theta(u)$, $H(u)$, $\Pi(u,a)$ bezeichnet hat, sind erklärt durch folgende Gleichungen:

(1.) $E(u) = \int_0^u \Delta^2 \mathrm{am}\, u\, du,$ Jacobi's Gesammelte Werke Bd. I. S. 299.

(2.) $Z(u) = E(u) - \frac{E}{K} u,$ S. 187.

(3.) $\Omega(u) = e^{\int_0^u E(u)\, du},$ S. 300.

(4.) $\Theta(u) = \Theta(0) e^{\int_0^u Z(u)\, du}, \qquad \Theta(0) = \sqrt{\frac{2kK}{\pi}},$ S. 198. S. 231.

(5.) $H(u) = \frac{1}{i} e^{\frac{(2u+K'i)}{4K}\pi i}\, \Theta(u+K'i),$ S. 224. S. 226.

(6.) $\Pi(u,a) = k^2 \sin\mathrm{am}\, a \cos\mathrm{am}\, a\, \Delta\mathrm{am}\, a \int_0^u \frac{\sin^2\mathrm{am}\, u\, du}{1 - k^2 \sin^2\mathrm{am}\, a \sin^2\mathrm{am}\, u}$

$= \frac{1}{2} \log \frac{\Omega(u-a)}{\Omega(u+a)} + E(a)\cdot u.$ S. 197. S. 305.

Zur Vereinfachung der nachstehenden Formeln, sowie zur Erzielung grösserer Uebereinstimmung derselben mit den Formeln des Art. 26 empfiehlt es sich, die von Jacobi mit u, beziehungsweise mit a, bezeichneten Argumente der vorstehend erklärten Functionen mit $\sqrt{e_1-e_3}\cdot u$. $\sqrt{e_1-e_3}\cdot a$ zu bezeichnen. Es ergeben sich dann folgende Gleichungen:

(7.) $$E(\sqrt{e_1-e_3}\cdot u) = \frac{1}{\sqrt{e_1-e_3}}\left(\frac{\sigma_3'}{\sigma_3}(u) + e_1 u\right),$$

(8.) $$Z(\sqrt{e_1-e_3}\cdot u) = \frac{1}{\sqrt{e_1-e_3}}\left(\frac{\sigma_3'}{\sigma_3}(u) - \frac{\eta_1}{\omega} u\right),$$

(9.) $$\Omega(\sqrt{e_1-e_3}\cdot u) = e^{\frac{1}{2}e_1 u^2}\sigma_3 u,$$

(10.) $$\Theta(\sqrt{e_1-e_3}\cdot u) = \sqrt{\frac{2\omega}{\pi}}\sqrt[4]{e_1-e_2}\, e^{-2\eta_1\omega v^2}\sigma_3 u = \vartheta_0(v,\tau),$$

(11.) $$H(\sqrt{e_1-e_3}\cdot u) = \sqrt{\frac{2\omega}{\pi}}\sqrt[4]{e_1-e_3}\, e^{-2\eta_1\omega v^2}\sigma u = \vartheta_1(v,\tau),$$

(12.) $$\Pi(\sqrt{e_1-e_3}\cdot u, \sqrt{e_1-e_3}\cdot a) = \frac{1}{2}\log\frac{\sigma_3(u-a)}{\sigma_3(u+a)} + \frac{\sigma_3'}{\sigma_3}(a)\cdot u.$$

Hierbei ist Folgendes zu bemerken:

Bei der Definition der betrachteten sechs Functionen können die von Jacobi mit K, K' bezeichneten Grössen als bekannt angenommen werden. Der reelle Bestandtheil des Quotienten $\frac{K'}{K}$ hat stets einen positiven Werth. Der mit $\sqrt{e_1-e_3}$ bezeichneten Grösse kann der eine oder der andere ihrer beiden Werthe beigelegt werden.

Die Grössen ω, ω', v, τ, h sind durch die Gleichungen

$$\omega = \frac{K}{\sqrt{e_1-e_3}}, \qquad \omega' = \frac{K'i}{\sqrt{e_1-e_3}}, \qquad v = \frac{u}{2\omega}, \qquad \tau = \frac{\omega'}{\omega} = \frac{K'i}{K}, \qquad h = e^{\tau\pi i}$$

bestimmt. Zur Bestimmung der Grössen

$$\sqrt{\frac{2\omega}{\pi}}\sqrt[8]{G}, \qquad \sqrt{\frac{2\omega}{\pi}}\sqrt[4]{e_1-e_2}, \qquad \eta$$

dienen die Gleichungen (1.), (4.), (13.) des Art. 35, in welchen $\lambda = 1$, $\mu = 2$, $\tilde{\omega} = \omega$, $\tilde{\eta} = \eta$ zu setzen ist.

Nach Potenzen des Moduls k fortschreitende Reihenentwickelungen für die Grössen K, K', h.

40.

Unter Zugrundelegung der im Art. 27 getroffenen Festsetzungen möge jetzt angenommen werden, dass der Modul k dem absoluten Betrage nach **kleiner** ist als 1.

Unter dieser Voraussetzung gelten, wenn der Werth der unendlichen Reihe

$$(1.) \qquad 1 + \left(\tfrac{1}{2}\right)^2 k^2 + \left(\tfrac{1\cdot 3}{2\cdot 4}\right)^2 k^4 + \left(\tfrac{1\cdot 3\cdot 5}{2\cdot 4\cdot 6}\right)^2 k^6 + \cdots$$

mit $\mathfrak{K}$ bezeichnet und zur Abkürzung von den Bezeichnungen

$$(2.) \qquad \begin{aligned} \mathfrak{K}_1 &= \left(\tfrac{1}{2}\right)^2 k^2 + \left(\tfrac{1\cdot 3}{2\cdot 4}\right)^2 k^4 + \left(\tfrac{1\cdot 3\cdot 5}{2\cdot 4\cdot 6}\right)^2 k^6 + \cdots \\ \mathfrak{K}_2 &= \phantom{\left(\tfrac{1}{2}\right)^2 k^2 +{}} \left(\tfrac{1\cdot 3}{2\cdot 4}\right)^2 k^4 + \left(\tfrac{1\cdot 3\cdot 5}{2\cdot 4\cdot 6}\right)^2 k^6 + \cdots \\ \mathfrak{K}_3 &= \phantom{\left(\tfrac{1}{2}\right)^2 k^2 + \left(\tfrac{1\cdot 3}{2\cdot 4}\right)^2 k^4 +{}} \left(\tfrac{1\cdot 3\cdot 5}{2\cdot 4\cdot 6}\right)^2 k^6 + \cdots \\ &\;\;\vdots \end{aligned}$$

Gebrauch gemacht wird, die Gleichungen

$$(3.) \qquad K = \tfrac{1}{2}\mathfrak{K}\pi, \qquad K' = \mathfrak{K}\,\mathrm{log\,nat}(4k^{-1}) - 2\left[\tfrac{1}{1\cdot 2}\mathfrak{K}_1 + \tfrac{1}{3\cdot 4}\mathfrak{K}_2 + \tfrac{1}{5\cdot 6}\mathfrak{K}_3 + \cdots\right].$$

Dem natürlichen Logarithmus ist hierbei sein Hauptwerth*) beizulegen.

---

*) Unter dem Hauptwerthe des natürlichen Logarithmus einer Grösse x, welche mit Ausnahme der reellen negativen Werthe jeden complexen Werth annehmen kann, wird hier und im Folgenden

Weil die Grösse K nicht gleich Null werden kann, da der reelle Bestandtheil derselben stets einen positiven Werth hat, so ist auch die Grösse $2\operatorname{lognat}\left(\frac{4}{k}\right)-\frac{K'\pi}{K}$ für alle Werthe von k, deren absoluter Betrag kleiner ist als 1, durch eine nach Potenzen der Grösse k mit ganzzahligen positiven Exponenten fortschreitende Reihenentwickelung darstellbar. Die Coefficienten der einzelnen Glieder dieser Potenzreihe sind rationale positive Zahlen.

Es ergibt sich

$$\tau\pi i = \frac{K'\pi}{K} = 2\operatorname{lognat}\left(\tfrac{1}{4}k\right)+\tfrac{1}{2}k^2+\tfrac{13}{64}k^4+\tfrac{23}{192}k^6+\cdots \tag{4.}$$

In Folge dieser Reihenentwickelung ist auch die Grösse $h=e^{\tau\pi i}$ und jede Potenz derselben, deren Exponent eine positive Zahl ist, für alle Werthe des Moduls k, deren absoluter Betrag nicht grösser ist als 1, durch eine nach Potenzen der Grösse k fortschreitende Reihe darstellbar; die Coefficienten der einzelnen Glieder dieser Reihen sind positive Zahlen und die Summe derselben ist für jede dieser Reihen gleich 1.

Insbesondere ergeben sich folgende Reihenentwickelungen:

$$h = \tfrac{1}{16}k^2+\tfrac{1}{32}k^4+\tfrac{21}{1024}k^6+\tfrac{31}{2048}k^8+\cdots, \tag{5.}$$

$$h^{\frac{1}{4}} = \tfrac{1}{2}\sqrt{k}+2\left(\tfrac{1}{2}\sqrt{k}\right)^5+15\left(\tfrac{1}{2}\sqrt{k}\right)^9+150\left(\tfrac{1}{2}\sqrt{k}\right)^{13}+\cdots \tag{6.}$$

Der Wurzelgrösse $\sqrt{k}$ ist derjenige ihrer beiden Werthe beizulegen, dessen reeller Bestandtheil positiv ist.

Wenn von der Reihe für die Grösse $h^{\frac{1}{4}}$ das Anfangsglied allein, oder nur die zwei, drei, vier ersten Glieder in Rechnung gezogen werden, so ist der begangene Fehler dem absoluten Betrage nach beziehlich kleiner als

$$\left(1-\tfrac{1}{2}\right)(\sqrt{k})^5,\quad \left(1-\tfrac{1}{2}-\tfrac{2}{2^5}\right)(\sqrt{k})^9,\quad \left(1-\tfrac{1}{2}-\tfrac{2}{2^5}-\tfrac{15}{2^9}\right)(\sqrt{k})^{13},\quad \left(1-\tfrac{1}{2}-\tfrac{2}{2^5}-\tfrac{15}{2^9}-\tfrac{150}{2^{13}}\right)(\sqrt{k})^{17},$$

mithin kleiner als

$$\tfrac{1}{2}(\sqrt{k})^5,\qquad \tfrac{7}{16}(\sqrt{k})^9,\qquad \tfrac{209}{512}(\sqrt{k})^{13},\qquad \tfrac{1597}{4096}(\sqrt{k})^{17}$$

---

derjenige Werth des natürlichen Logarithmus der Grösse x verstanden, dessen imaginärer Bestandtheil dem absoluten Betrage nach kleiner ist als π.

Unter derselben auf die Veränderlichkeit der Grösse x sich beziehenden Einschränkung soll für beliebige Werthe des Exponenten m unter dem Hauptwerthe der Potenz x^m der Werth $e^{m\operatorname{lognat}x}$ verstanden werden, vorausgesetzt dass dem natürlichen Logarithmus sein Hauptwerth beigelegt wird.

Entwickelung der Grösse h nach Potenzen der Grösse l.

41.

Die in dem Art. 27 enthaltenen Definitionen und Lehrsätze bleiben bestehen, wenn an die Stelle von e_1, e_2, e_3 beziehlich e_λ, e_μ, e_ν gesetzt wird, wobei die Indices λ, μ, ν in irgend einer Reihenfolge die Zahlen 1, 2, 3 bedeuten. Hierbei muss indess die Bedingung aufrecht erhalten bleiben, dass, falls die den drei Grössen e_λ, e_μ, e_ν bei der geometrischen Darstellung der complexen Grössen entsprechenden Punkte in gerader Linie liegen, e_μ dem mittleren dieser drei Punkte entspricht.

Für jede unter der angegebenen Bedingung zulässige Permutation der Indices sind daher dem Inhalte des Art. 27 zufolge zwei Grössen k, k', folglich auch zwei Grössen K, K' eindeutig bestimmt. Aus den letzteren Grössen ergibt sich, sobald über den der Quadratwurzel $\sqrt{e_\lambda - e_\nu}$ beizulegenden Werth eine Entscheidung getroffen ist, ein bestimmtes primitives Periodenpaar $2\omega_\lambda, 2\omega_\nu$ des Argumentes der Function $\wp u$, für welches die Gleichungen

$$(1.)\qquad \wp(\omega_\lambda) = e_\lambda, \qquad \wp(\omega_\lambda + \omega_\nu) = e_\mu, \qquad \wp(\omega_\nu) = e_\nu$$

bestehen. Hierbei ist zu bemerken, dass die Gesammtheit der drei Grössen $\omega_\lambda, \omega_\mu = \omega_\lambda + \omega_\nu, \omega_\nu$ für jede der zulässigen Permutationen der Indices eine andere ist.

Nachdem eine bestimmte Permutation λ, μ, ν der Indices 1, 2, 3 ausgewählt worden ist, möge ein Werth der Wurzelgrösse $\sqrt[4]{e_\lambda - e_\nu}$ beliebig fixirt und das Quadrat desselben mit $\sqrt{e_\lambda - e_\nu}$ bezeichnet werden.

Es mögen ferner $\sqrt[4]{e_\mu - e_\nu}, \sqrt[4]{e_\lambda - e_\mu}$ diejenigen Werthe dieser Wurzelgrössen bezeichnen, welche unter der Voraussetzung, dass den beiden Potenzen mit dem Exponenten $\frac{1}{4}$ ihr Hauptwerth beigelegt wird, durch die Gleichungen

$$(2.)\qquad \frac{\sqrt[4]{e_\mu - e_\nu}}{\sqrt[4]{e_\lambda - e_\nu}} = \sqrt[4]{k} = \left(\frac{e_\mu - e_\nu}{e_\lambda - e_\nu}\right)^{\frac{1}{4}}, \qquad \frac{\sqrt[4]{e_\lambda - e_\mu}}{\sqrt[4]{e_\lambda - e_\nu}} = \sqrt[4]{k'} = \left(\frac{e_\lambda - e_\mu}{e_\lambda - e_\nu}\right)^{\frac{1}{4}}$$

erklärt sind.

Die Grössen ω_λ und ω_ν seien durch die Gleichungen

$$(3.)\qquad \omega_\lambda = \frac{K}{\sqrt{e_\lambda - e_\nu}}, \qquad \omega_\nu = \frac{K'i}{\sqrt{e_\lambda - e_\nu}}$$

bestimmt.

Wird hierauf

$$\bar{\omega} = \omega_\lambda, \qquad \bar{\omega}' = \omega_\nu, \qquad \tau = \frac{\omega_\nu}{\omega_\lambda}, \qquad h = e^{\tau\pi i}$$

gesetzt, so gelten für die erklärten Wurzelgrössen die Gleichungen des Art. 35.

Für die in diesen Gleichungen vorkommende Grösse $\sqrt{\frac{2\bar{\omega}}{\pi}}$ ergibt sich hierbei der Werth $\frac{1}{\sqrt[4]{e_\lambda - e_\nu}}\sqrt{\frac{2K}{\pi}}$ und zwar ist der Wurzelgrösse $\sqrt{\frac{2K}{\pi}}$ derjenige ihrer beiden Werthe beizulegen, dessen reeller Bestandtheil positiv ist.

Die Grössen e_λ, e_μ, e_ν können als veränderlich betrachtet werden, mit der Einschränkung, dass keine der beiden Grössen k^2, k'^2 negativ werden darf. Wenn nun ferner die Veränderlichkeit der Grössen e_λ, e_μ, e_ν vorübergehend in der Weise beschränkt wird, dass der absolute Betrag der Grösse k^2 kleiner bleibt als 1, so finden die im vorhergehenden Art. enthaltenen Entwickelungen Anwendung. Die rechte Seite der Gleichung (9.) des Art. 35 wird daher, wenn man für $h^{\frac{1}{4}}$ die Reihe

$$(4.)\qquad h^{\frac{1}{4}} = \tfrac{1}{2}\sqrt{k} + 2(\tfrac{1}{2}\sqrt{k})^5 + 15(\tfrac{1}{2}\sqrt{k})^9 + 150(\tfrac{1}{2}\sqrt{k})^{13} + \cdots \qquad \text{vergl. Art. 40 (6.)}$$

und für die Potenzen von $h^{\frac{1}{4}}$ die aus dieser Reihe durch Potenzerhebung sich ergebenden Reihen setzt, identisch in $\sqrt{k}$ übergehen.

Hieraus folgt, dass die der Gleichung (9.) des Art. 35 analoge Gleichung (11.) desselben Art.

$$l = \frac{2h + 2h^9 + \cdots}{1 + 2h^4 + 2h^{16} + \cdots}$$

identisch befriedigt wird, wenn für h die Reihe

$$(5.)\qquad h = \tfrac{1}{2}l + 2(\tfrac{1}{2}l)^5 + 15(\tfrac{1}{2}l)^9 + 150(\tfrac{1}{2}l)^{13} + \cdots$$

gesetzt wird, vorausgesetzt dass diese Reihe convergirt. Diese Folgerung ist von der Voraussetzung, dass die Grösse k^2 dem absoluten Betrage nach kleiner sei als 1, nicht abhängig, denn die Convergenz der Reihe (5.) ist allein an die Bedingung geknüpft, dass die Grösse

$$(6.)\qquad l = \frac{\sqrt[4]{e_\lambda - e_\nu} - \sqrt[4]{e_\lambda - e_\mu}}{\sqrt[4]{e_\lambda - e_\nu} + \sqrt[4]{e_\lambda - e_\mu}} = \frac{1 - \sqrt{k'}}{1 + \sqrt{k'}}$$

dem absoluten Betrage nach den Werth 1 nicht überschreitet. Diese Bedingung aber ist den getroffenen Festsetzungen zufolge stets erfüllt und zwar stimmt der aus den Gleichungen (5.) und (6.) sich ergebende Werth der Grösse h, wenn die Werthe der Wurzelgrössen in der angegebenen Weise bestimmt werden, mit dem Werthe $h = e^{\tau\pi i}$ überein.

Ist die Wahl der Indices λ, μ, ν so getroffen, dass von den drei Grössen $e_\lambda - e_\nu$, $e_\lambda - e_\mu$, $e_\mu - e_\nu$ die erste den grössten, die letzte den kleinsten absoluten Betrag hat, so ist die Grösse l dem absoluten Betrage nach nicht grösser als $\operatorname{tg}\frac{\pi}{24}$, also kleiner als $\frac{2}{15}$, während die Grösse h dem absoluten Betrage nach nicht grösser ist als $e^{-\frac{1}{2}\sqrt{3}\pi}$. Unter dieser Voraussetzung ist, wenn die drei ersten Glieder der nach Potenzen der Grösse l fortschreitenden Reihenentwickelung für die Grösse h in Rechnung gezogen werden, der absolute Betrag des begangenen Fehlers kleiner als eine Einheit der dreizehnten Decimalstelle.

In den meisten Fällen der Anwendung wird es daher, wenn die Indices λ, μ, ν passend gewählt sind, ausreichend sein, die zwei oder drei ersten Glieder der angegebenen Reihenentwickelung allein zu berücksichtigen.

Die Reihenentwickelung (5.) kann indess für numerische Rechnungen in vielen Fällen auch dann noch mit grossem Nutzen angewendet werden, wenn die Grösse l dem absoluten Betrage nach nicht den in jedem einzelnen Falle erreichbaren kleinstmöglichen Werth hat.

Wenn nämlich der absolute Betrag der Grösse l nicht grösser ist als $\frac{1}{2}$, so ist der absolute Betrag der Summe aller auf die zwei ersten, beziehungsweise auf die drei ersten Glieder der Reihenentwickelung für die Grösse h noch folgenden Glieder bereits kleiner als

$$\tfrac{1}{30}\,l^9, \quad \text{beziehungsweise} \quad \tfrac{1}{50}\,l^{13},$$

und hieraus folgt die Richtigkeit der vorhergehenden Behauptung.

Wenn der Werth der Grösse h gefunden ist, so ergibt sich der Werth der Grösse $\sqrt{\frac{2\omega_\lambda}{\pi}}$ durch die Gleichung (8.) des Art. 35 und der Werth von ω_ν mittelst der Gleichung

$$\text{(7.)} \qquad \omega_\nu = \frac{\omega_\lambda i}{\pi} \log \operatorname{nat}\left(\frac{1}{h}\right).$$

Dem natürlichen Logarithmus ist sein Hauptwerth beizulegen.

Uebergang von dem primitiven Periodenpaare $(2\omega_\lambda, 2\omega_\nu)$ zu dem Periodenpaare $(2\omega_\nu, -2\omega_\lambda)$.

42.

Die Entwickelungen des vorhergehenden Art. ergeben sich aus den Gleichungen des Art. 35 unter der Voraussetzung, dass $\tilde{\omega} = \omega_\lambda$, $\tilde{\omega}' = \omega_\nu$ gesetzt wird. Analoge Entwickelungen ergeben sich mittelst analoger Schlüsse, wenn $\tilde{\omega} = \omega_\nu$, $\tilde{\omega}' = -\omega_\lambda$ gesetzt wird.

Bei dem Uebergange von dem primitiven Periodenpaare $(2\omega_\lambda, 2\omega_\nu)$ zu dem primitiven Periodenpaare $(2\omega_\nu, -2\omega_\lambda)$ bleiben nämlich die beiden Invarianten g_2, g_3 und die Grösse e_μ ungeändert, während an die Stelle der Grössen

$$e_\lambda, \quad e_\nu, \quad k, \quad k', \quad K, \quad K', \quad \tau$$

beziehlich die Grössen

$$e_\nu, \quad e_\lambda, \quad k', \quad k, \quad K', \quad K, \quad \tau_1 = -\tau^{-1} \qquad \text{(vergl. Art. 37.)}$$

treten. Diejenigen Grössen, welche bei diesem Uebergange an die Stelle der Grössen h, l zu setzen sind, sollen mit h', l' bezeichnet werden.

Wenn nun die den Wurzelgrössen $\sqrt{e_\lambda - e_\nu}$, $\sqrt[4]{e_\lambda - e_\nu}$, $\sqrt{e_\lambda - e_\mu}$, $\sqrt{e_\mu - e_\nu}$ beizulegenden Werthe in der Weise bestimmt werden, wie im vorhergehenden Art. angegeben ist, so können die Wurzelgrössen, welche aus diesen durch die Vertauschung von e_λ und e_ν sich ergeben, durch die Gleichungen

$$\text{(1.)} \quad \begin{aligned} \sqrt{e_\nu - e_\lambda} &= -i\sqrt{e_\lambda - e_\nu}, & \sqrt[4]{e_\nu - e_\lambda} &= \sqrt{-i}\,\sqrt[4]{e_\lambda - e_\nu}, \\ \sqrt[4]{e_\nu - e_\mu} &= \sqrt{-i}\,\sqrt[4]{e_\mu - e_\nu}, & \sqrt[4]{e_\mu - e_\lambda} &= \sqrt{-i}\,\sqrt[4]{e_\lambda - e_\mu} \end{aligned}$$

erklärt werden. Der Wurzelgrösse $\sqrt{-i}$ ist hierbei irgend einer ihrer beiden Werthe, aber jedesmal derselbe, beizulegen.

Es bestehen hiernach die Gleichungen

$$\text{(2.)} \quad l' = \frac{\sqrt[4]{e_\lambda - e_\nu} - \sqrt[4]{e_\mu - e_\nu}}{\sqrt[4]{e_\lambda - e_\nu} + \sqrt[4]{e_\mu - e_\nu}}, \qquad h' = e^{\tau_1 \pi i} = \tfrac{1}{2}l' + 2(\tfrac{1}{2}l')^5 + 15(\tfrac{1}{2}l')^9 + 150(\tfrac{1}{2}l')^{13} + \cdots,$$

welche zur Berechnung der Grösse h' angewendet werden können. Aus der Gleichung (8.) des Art. 35 ergibt sich

$$\text{(3.)} \quad \sqrt{\frac{2\omega_\nu}{\pi i}} = \frac{1 + 2h' + 2h'^4 + 2h'^9 + \cdots}{\sqrt[4]{e_\lambda - e_\nu}} = \frac{2}{\sqrt[4]{e_\lambda - e_\nu} + \sqrt[4]{e_\mu - e_\nu}}(1 + 2h'^4 + 2h'^{16} + \cdots) = \frac{1}{\sqrt[4]{e_\lambda - e_\nu}}\sqrt{\frac{2K'}{\pi}}.$$

Hierbei ist der Wurzelgrösse $\sqrt{\frac{2K'}{\pi}}$ derjenige ihrer beiden Werthe beizulegen, dessen reeller Bestandtheil positiv ist.

Die Gleichung (3.) kann zur Berechnung der Grösse ω_ν angewendet werden; zur Berechnung der Grösse ω_λ ergibt sich dann die Gleichung

$$(4.)\qquad \omega_\lambda = \frac{\omega_\nu}{\pi i}\log\text{nat}\left(\frac{1}{h'}\right).$$

Dem natürlichen Logarithmus ist sein Hauptwerth beizulegen. Die beiden Grössen h und h' sind durch die Gleichung

$$(5.)\qquad \log\text{nat}\, h\cdot\log\text{nat}\, h' = \pi^2$$

mit einander verbunden.

Aus den Gleichungen (1—4.) und (13—16.) des Art. 35 erhält man, wenn $\frac{\sigma'}{\sigma}(\omega_\nu) = \eta_\nu$ gesetzt wird, die folgenden:

$$(6.)\qquad \sqrt{\frac{2\omega_\nu}{\pi i}}\sqrt[8]{G} = \frac{i}{2\omega_\nu}\vartheta_1'(0|\tau_1) = \frac{\pi i}{\omega_\nu}h'^{\frac{1}{4}}(1-3h'^{1\cdot 2}+5h'^{2\cdot 3}-7h'^{3\cdot 4}+\cdots),$$

$$(7.)\qquad \sqrt{\frac{2\omega_\nu}{\pi i}}\sqrt[4]{e_\lambda-e_\mu} = \vartheta_2(0|\tau_1) = 2h'^{\frac{1}{4}}(1+h'^{1\cdot 2}+h'^{2\cdot 3}+h'^{3\cdot 4}+\cdots).$$

$$(8.)\qquad \sqrt{\frac{2\omega_\nu}{\pi i}}\sqrt[4]{e_\lambda-e_\nu} = \vartheta_3(0|\tau_1) = 1+2h'+2h'^4+2h'^9+\cdots.$$

$$(9.)\qquad \sqrt{\frac{2\omega_\nu}{\pi i}}\sqrt[4]{e_\mu-e_\nu} = \vartheta_0(0|\tau_1) = 1-2h'+2h'^4-2h'^9+\cdots,$$

$$(10.)\qquad 2\eta_\nu\omega_\nu = -\frac{1}{6}\frac{\vartheta_1'''(0|\tau_1)}{\vartheta_1'(0|\tau_1)} = -2e_\lambda\omega_\nu^2-\frac{1}{2}\cdot\frac{\vartheta_0''(0|\tau_1)}{\vartheta_0(0|\tau_1)},$$

$$(11.)\qquad 2\eta_\mu\omega_\nu = -2e_\mu\omega_\nu^2-\frac{1}{2}\frac{\vartheta_3''(0|\tau_1)}{\vartheta_3(0|\tau_1)} = -2e_\nu\omega_\nu^2-\frac{1}{2}\frac{\vartheta_2''(0|\tau_1)}{\vartheta_2(0|\tau_1)}.$$

Aus den Gleichungen (15—18.) des Art. 34 ergeben sich in Uebereinstimmung mit den bezüglichen Formeln des Art. 37 folgende Gleichungen:

$$v = \frac{u}{2\omega_\nu},\qquad \tau_1 = -\frac{\omega_\lambda}{\omega_\nu},\qquad h' = e^{\tau_1\pi i}.$$

$$(12.)\qquad \sqrt{\frac{2\omega_\nu}{\pi i}}\,\sqrt[8]{G}\,\sigma u = e^{2\eta_\nu\omega_\nu v^2}\, i\,\vartheta_1(v\,|\,\tau_1) = i\,\Theta_1(u\,|\,\omega_\nu, -\omega_\lambda),$$

$$(13.)\qquad \sqrt{\frac{2\omega_\nu}{\pi i}}\,\sqrt[4]{e_\mu - e_\nu}\,\sigma_\lambda u = e^{2\eta_\nu\omega_\nu v^2}\, \vartheta_0(v\,|\,\tau_1) = \Theta_0(u\,|\,\omega_\nu, -\omega_\lambda),$$

$$(14.)\qquad \sqrt{\frac{2\omega_\nu}{\pi i}}\,\sqrt[4]{e_\lambda - e_\nu}\,\sigma_\mu u = e^{2\eta_\nu\omega_\nu v^2}\, \vartheta_3(v\,|\,\tau_1) = \Theta_3(u\,|\,\omega_\nu, -\omega_\lambda),$$

$$(15.)\qquad \sqrt{\frac{2\omega_\nu}{\pi i}}\,\sqrt[4]{e_\lambda - e_\mu}\,\sigma_\nu u = e^{2\eta_\nu\omega_\nu v^2}\, \vartheta_2(v\,|\,\tau_1) = \Theta_2(u\,|\,\omega_\nu, -\omega_\lambda).$$

Uebergang von dem primitiven Periodenpaare $2\omega_\lambda, 2\omega_\nu$ zu dem Periodenpaare $(2\omega_\lambda, 2\omega_\nu \pm 2\omega_\lambda)$.

43.

Bei der Vertauschung der beiden Grössen e_μ und e_ν gehen die Grössen l und h beziehlich in $-l$ und $-h$ über, während die Grösse $\bar{\omega} = \omega_\lambda$ den Gleichungen (7.) und (8.) des Art. 35 zufolge unverändert bleibt. An die Stelle des primitiven Periodenpaares $(2\omega_\lambda, 2\omega_\nu)$ tritt hierbei das primitive Periodenpaar $(2\omega_\lambda, 2\omega_\nu \pm 2\omega_\lambda)$ und zwar gilt das obere oder das untere Zeichen, jenachdem die Grösse k'^2 eine complexe Grösse mit p o s i t i v oder n e g a t i v imaginärem Bestandtheile ist.

Formeln zur Berechnung der Perioden und Ausdrücke der σ-Functionen durch ϑ-Reihen für den Fall reeller Werthe der Invarianten.

44.

Wenn die Grössen e_λ, e_μ, e_ν bekannt sind, so sind die in den Artikeln 34, 35, 41 und 42 enthaltenen Formeln ausreichend, sowohl um ein primitives Periodenpaar $(2\omega_\lambda, 2\omega_\nu)$ des Argumentes der Function $\wp u$ und die Grössen $\eta_\lambda = \frac{\sigma'}{\sigma}(\omega_\lambda)$, $\eta_\nu = \frac{\sigma'}{\sigma}(\omega_\nu)$ zu berechnen, als auch um die vier σ-Functionen durch solche ϑ-Reihen auszudrücken, bei denen die Grösse h, beziehungsweise die Grösse h', dem absoluten Betrage nach einen möglichst kleinen Werth hat.

Zur Erleichterung des Gebrauchs dieser Formeln sollen dieselben für diejenigen Fälle, in welchen die Invarianten g_2, g_3 reelle Werthe haben, mit den durch diese Specialisirung herbeigeführten Modificationen in den Artikeln 45 und 46 nochmals zusammengestellt werden.

45.

Haben die beiden Invarianten g_2 und g_3 reelle Werthe und ist die Discriminante $G = \frac{1}{16}(g_2^3-27g_3^2) = (e_2-e_3)^2(e_1-e_3)^2(e_1-e_2)^2$ der kubischen Gleichung $4s^3-g_2s-g_3=0$ positiv, so sind alle drei Wurzeln derselben reell.

Es bezeichne e_1 die im algebraischen Sinne grösste Wurzel dieser Gleichung, e_2 die mittlere, e_3 die kleinste Wurzel derselben. Allen in den folgenden Gleichungen vorkommenden Wurzelgrössen ist ihr positiver Werth beizulegen.

Man setze

$$(1.)\quad k^2 = \frac{e_2-e_3}{e_1-e_3},\ k'^2 = \frac{e_1-e_2}{e_1-e_3};\ \omega_1 = \frac{K}{\sqrt{e_1-e_3}},\ \omega_3 = \frac{K'i}{\sqrt{e_1-e_3}};\ \frac{\sigma'}{\sigma}(\omega_1) = \eta_1,\ \frac{\sigma'}{\sigma}(\omega_3) = \eta_3.$$

$$(2.)\quad \tau = \frac{\omega_3}{\omega_1},\quad h = e^{\tau\pi i},\quad \tau_1 = -\frac{\omega_1}{\omega_3},\quad h_1 = h' = e^{\tau_1\pi i};\quad v = \frac{u}{2\omega_1},\quad v_1 = \frac{ui}{2\omega_3}.$$

Die Grössen ω_1, $\frac{\omega_3}{i}$, $\frac{\tau}{i}$, $\frac{\tau_1}{i}$, h, h_1 haben positive Werthe.

Nach diesen Festsetzungen ergibt sich, wenn $\lambda = 1$, $\mu = 2$, $\nu = 3$, $\tilde{\omega} = \omega_1$, $\tilde{\omega}' = \omega_3$ gesetzt wird, dem Inhalte der Artikel 34, 35 und 41 entsprechend das System von Gleichungen

$$(3.)\qquad l = \frac{\sqrt[4]{e_1-e_3}-\sqrt[4]{e_1-e_2}}{\sqrt[4]{e_1-e_3}+\sqrt[4]{e_1-e_2}},\qquad h = \tfrac{1}{2}l + 2(\tfrac{1}{2}l)^5 + 15(\tfrac{1}{2}l)^9 + 150(\tfrac{1}{2}l)^{13} + \cdots,$$

$$(4.)\qquad \sqrt{\frac{2\omega_1}{\pi}} = \frac{2}{\sqrt[4]{e_1-e_3}+\sqrt[4]{e_1-e_2}}(1+2h^4+2h^{16}+\cdots),\qquad \omega_3 = \frac{\omega_1 i}{\pi}\log\mathrm{nat}\left(\frac{1}{h}\right),$$

$$(5.)\qquad 2\eta_1\omega_1 = \frac{\pi^2}{6}\,\frac{1-3^3h^2+5^3h^6-7^3h^{12}+\cdots}{1-3h^2+5h^6-7h^{12}+\cdots},\qquad \eta_1\omega_3-\omega_1\eta_3 = \tfrac{1}{2}\pi i,$$

$$(6.)\qquad \sqrt{\frac{2\omega_1}{\pi}}\,\sqrt[4]{e_2-e_3} = 2h^{\frac{1}{4}}(1+h^2+h^6+h^{12}+\cdots),$$

$$(7.)\qquad \sqrt{\frac{2\omega_1}{\pi}}\,\sqrt[4]{e_1-e_3} = 1+2h+2h^4+2h^9+\cdots,$$

$$(8.)\qquad \sqrt{\frac{2\omega_1}{\pi}}\,\sqrt[4]{e_1-e_2} = 1-2h+2h^4-2h^9+\cdots,$$

$$(9.)\qquad \sqrt{\frac{2\omega_1}{\pi}}\,\sqrt[8]{G} = \frac{\pi}{\omega_1}h^{\frac{1}{4}}(1-3h^2+5h^6-7h^{12}+\cdots).$$

$$\text{(10.)}\quad \sqrt{\frac{2\omega_1}{\pi}}\,\sqrt[8]{G}\,\sigma u = e^{2\eta_1\omega_1 v^2}\,\vartheta_1(v\,|\,\tau),$$

$$\text{(11.)}\quad \sqrt{\frac{2\omega_1}{\pi}}\,\sqrt[4]{e_2-e_3}\,\sigma_1 u = e^{2\eta_1\omega_1 v^2}\,\vartheta_2(v\,|\,\tau), \qquad v = \frac{u}{2\omega_1},$$

$$\text{(12.)}\quad \sqrt{\frac{2\omega_1}{\pi}}\,\sqrt[4]{e_1-e_3}\,\sigma_2 u = e^{2\eta_1\omega_1 v^2}\,\vartheta_3(v\,|\,\tau), \qquad \tau = \frac{\omega_3}{\omega_1},$$

$$\text{(13.)}\quad \sqrt{\frac{2\omega_1}{\pi}}\,\sqrt[4]{e_1-e_2}\,\sigma_3 u = e^{2\eta_1\omega_1 v^2}\,\vartheta_0(v\,|\,\tau).$$

$$\text{(14.)}\quad \vartheta_0(v\,|\,\tau) = 1-2h\cos 2v\pi+2h^4\cos 4v\pi-2h^9\cos 6v\pi+\cdots,$$

$$\text{(15.)}\quad \vartheta_1(v\,|\,\tau) = 2h^{\frac{1}{4}}\sin v\pi-2h^{\frac{9}{4}}\sin 3v\pi+2h^{\frac{25}{4}}\sin 5v\pi-\cdots,$$

$$\text{(16.)}\quad \vartheta_2(v\,|\,\tau) = 2h^{\frac{1}{4}}\cos v\pi+2h^{\frac{9}{4}}\cos 3v\pi+2h^{\frac{25}{4}}\cos 5v\pi+\cdots.$$

$$\text{(17.)}\quad \vartheta_3(v\,|\,\tau) = 1+2h\cos 2v\pi+2h^4\cos 4v\pi+2h^9\cos 6v\pi+\cdots.$$

Wenn $e_2-e_3 \lesseqgtr e_1-e_2$, also $e_2 \lesseqgtr 0$ ist, so ist $l \lesseqgtr \frac{\sqrt[4]{2}-1}{\sqrt[4]{2}+1}$, $h \lesseqgtr e^{-\pi}$.

Wird dagegen $\lambda = 3$, $\mu = 2$, $\nu = 1$, $\tilde{\omega} = \omega_3$, $\tilde{\omega}' = -\omega_1$ gesetzt, so ergibt sich entsprechend dem Inhalte des Art. 42 folgendes System von Gleichungen

$$\text{(18.)}\quad l_1 = \frac{\sqrt[4]{e_1-e_3}-\sqrt[4]{e_2-e_3}}{\sqrt[4]{e_1-e_3}+\sqrt[4]{e_2-e_3}}, \qquad h_1 = \tfrac{1}{2}l_1+2(\tfrac{1}{2}l_1)^5+15(\tfrac{1}{2}l_1)^9+150(\tfrac{1}{2}l_1)^{13}+\cdots.$$

$$\text{(19.)}\quad \sqrt{\frac{2\omega_3}{\pi i}} = \frac{2}{\sqrt[4]{e_1-e_3}+\sqrt[4]{e_2-e_3}}\,(1+2h_1^4+2h_1^{16}+\cdots), \qquad \omega_1 = \frac{\omega_3}{\pi i}\log\operatorname{nat}\left(\frac{1}{h_1}\right).$$

$$\text{(20.)}\quad 2\eta_3\omega_3 = \frac{\pi^2}{6}\,\frac{1-3^3h_1^2+5^3h_1^6-7^3h_1^{12}+\cdots}{1-3h_1^2+5h_1^6-7h_1^{12}+\cdots}, \qquad \eta_1\omega_3-\omega_1\eta_3 = \tfrac{1}{2}\pi i.$$

$$\text{(21.)}\quad \sqrt{\frac{2\omega_3}{\pi i}}\,\sqrt[4]{e_1-e_2} = 2h_1^{\frac{1}{4}}(1+h_1^2+h_1^6+h_1^{12}+\cdots).$$

$$\text{(22.)}\quad \sqrt{\frac{2\omega_3}{\pi i}}\,\sqrt[4]{e_1-e_3} = 1+2h_1+2h_1^4+2h_1^9+\cdots,$$

$$\text{(23.)}\quad \sqrt{\frac{2\omega_3}{\pi i}}\,\sqrt[4]{e_2-e_3} = 1-2h_1+2h_1^4-2h_1^9+\cdots.$$

$$\text{(24.)}\quad \sqrt{\frac{2\omega_3}{\pi i}}\,\sqrt[8]{G} = \frac{\pi i}{\omega_3}\,h_1^{\frac{1}{4}}(1-3h_1^2+5h_1^6-7h_1^{12}+\cdots).$$

$$(25.)\qquad \sqrt{\frac{2\omega_3}{\pi i}}\sqrt[4]{G}\,\sigma u = \frac{1}{i}e^{-2\eta_3\omega_3 v_1^2}\vartheta_1(v_1 i|\tau_1),$$

$$(26.)\qquad \sqrt{\frac{2\omega_3}{\pi i}}\sqrt[4]{e_2-e_3}\,\sigma_1 u = e^{-2\eta_3\omega_3 v_1^2}\vartheta_0(v_1 i|\tau_1),\qquad v_1 = \frac{ui}{2\omega_3},$$

$$(27.)\qquad \sqrt{\frac{2\omega_3}{\pi i}}\sqrt[4]{e_1-e_3}\,\sigma_2 u = e^{-2\eta_3\omega_3 v_1^2}\vartheta_3(v_1 i|\tau_1),\qquad \tau_1 = -\frac{\omega_1}{\omega_3}.$$

$$(28.)\qquad \sqrt{\frac{2\omega_3}{\pi i}}\sqrt[4]{e_1-e_2}\,\sigma_3 u = e^{-2\eta_3\omega_3 v_1^2}\vartheta_2(v_1 i|\tau_1).$$

$$(29.)\qquad \vartheta_0(v_1 i|\tau_1) = 1-h_1(e^{2v_1\pi}+e^{-2v_1\pi})+h_1^4(e^{4v_1\pi}+e^{-4v_1\pi})-h_1^9(e^{6v_1\pi}+e^{-6v_1\pi})+\cdots,$$

$$(30.)\qquad \frac{1}{i}\vartheta_1(v_1 i|\tau_1) = h_1^{\frac14}(e^{v_1\pi}-e^{-v_1\pi})-h_1^{\frac94}(e^{3v_1\pi}-e^{-3v_1\pi})+h_1^{\frac{25}{4}}(e^{5v_1\pi}-e^{-5v_1\pi})-\cdots,$$

$$(31.)\qquad \vartheta_2(v_1 i|\tau_1) = h_1^{\frac14}(e^{v_1\pi}+e^{-v_1\pi})+h_1^{\frac94}(e^{3v_1\pi}+e^{-3v_1\pi})+h_1^{\frac{25}{4}}(e^{5v_1\pi}+e^{-5v_1\pi})+\cdots,$$

$$(32.)\qquad \vartheta_3(v_1 i|\tau_1) = 1+h_1(e^{2v_1\pi}+e^{-2v_1\pi})+h_1^4(e^{4v_1\pi}+e^{-4v_1\pi})+h_1^9(e^{6v_1\pi}+e^{-6v_1\pi})+\cdots.$$

Wenn $e_2-e_3 \lesseqgtr e_1-e_2$, also $e_2 \lesseqgtr 0$ ist, so ist $l_1 \gtreqless \frac{\sqrt{2}-1}{\sqrt{2}+1}$, $h_1 \gtreqless e^{-\pi}$.

Die Grösse $e^{-\pi} = 0{,}0432139$ ist kleiner als $\frac{1}{23}$.

Wenn g_3 positiv, also e_2 negativ ist, so empfiehlt sich der Gebrauch der Gleichungen (3—17.), ist aber g_3 negativ, also e_2 positiv, so empfiehlt sich der Gebrauch der Gleichungen (18—32.), weil in dem ersten Falle h kleiner ist als h_1, während im zweiten Falle h_1 kleiner ist als h.

46.

Haben die beiden Invarianten g_2 und g_3 reelle Werthe und ist die Discriminante $G = \frac{1}{16}(g_2^3-27g_3^2) = (e_2-e_3)^2(e_2-e_1)^2(e_1-e_3)^2$ der kubischen Gleichung $4s^3-g_2s-g_3 = 0$ negativ, so ist nur eine Wurzel derselben reell, während die beiden anderen Wurzeln conjugirte complexe Werthe haben.

Es bezeichne e_2 die reelle Wurzel dieser Gleichung; die beiden complexen Wurzeln derselben seien in der Weise mit e_1 und e_3 bezeichnet, dass die Differenz e_1-e_3 positiv imaginär ist.

Es seien ρ und ψ zwei positive Grössen, für welche die Gleichungen

$$e_2-e_3 = \rho e^{\psi i},\qquad e_2-e_1 = \rho e^{-\psi i},\qquad (0<\psi<\pi)$$

bestehen. Allen in den folgenden Gleichungen vorkommenden Wurzelgrössen ist ihr **H a u p t w e r t h** beizulegen.

Man setze

$$(1.)\quad \begin{cases} k^2 = \dfrac{e_2-e_3}{e_1-e_3}, \quad k'^2 = \dfrac{e_2-e_1}{e_3-e_1}; \quad \omega_1 = \dfrac{e^{-\frac{1}{4}\pi i}K}{\sqrt{i(e_3-e_1)}}, \quad \omega_3 = \dfrac{e^{\frac{1}{4}\pi i}K'}{\sqrt{i(e_3-e_1)}}, \\ \omega_2 = \omega_3+\omega_1, \quad \omega_2' = \omega_3-\omega_1; \quad \dfrac{\sigma'}{\sigma}(\omega_2) = \eta_{12}, \quad \dfrac{\sigma'}{\sigma}(\omega_2') = \eta_{12}'. \end{cases}$$

$$(2.)\quad \tau' = \frac{\omega_2'}{\omega_2}, \quad \tau_2 = \frac{\tau'}{2}, \quad h_2 = e^{\tau_2\pi i}; \quad \tau_3 = -\frac{1}{2\tau'}, \quad h_3 = e^{\tau_3\pi i}; \quad v_2 = \frac{u}{2\omega_2}, \quad v_3 = \frac{ui}{2\omega_2'}.$$

Die Grössen ω_2, $\frac{\omega_2'}{i}$, $\frac{\tau'}{i}$, $\frac{\tau_2}{i}$, $\frac{\tau_3}{i}$, h_2, h_3 haben **p o s i t i v e** Werthe.

Nach diesen Festsetzungen ergibt sich, wenn $\lambda = 2$, $\mu = 1$, $\nu = 3$, $\bar{\omega} = \omega_2$, $\bar{\omega}' = \omega_3 = \frac{1}{2}\omega_2 + \frac{1}{2}\omega_2'$, $l = il_2$, $h = ih_2$ gesetzt wird, dem Inhalte der Artikel 34, 35 und 41 entsprechend das System von Gleichungen

$$(3.)\quad l_2 = \frac{1}{i}\,\frac{\sqrt[4]{e_2-e_3}-\sqrt[4]{e_2-e_1}}{\sqrt[4]{e_2-e_3}+\sqrt[4]{e_2-e_1}} = \operatorname{tg}(\tfrac{1}{4}\psi), \quad h_2 = \tfrac{1}{2}l_2 + 2(\tfrac{1}{2}l_2)^5 + 15(\tfrac{1}{2}l_2)^9 + 150(\tfrac{1}{2}l_2)^{13} + \cdots.$$

$$(4.)\quad \begin{cases} \sqrt{\dfrac{2\omega_2}{\pi}} = \dfrac{2}{\sqrt[4]{e_2-e_3}+\sqrt[4]{e_2-e_1}}(1+2h_2^4+2h_2^{16}+\cdots), \quad \omega_2' = \dfrac{2\omega_2 i}{\pi}\log\operatorname{nat}\left(\dfrac{1}{h_2}\right). \\ \omega_1 = \tfrac{1}{2}\omega_2 - \tfrac{1}{2}\omega_2', \qquad \omega_3 = \tfrac{1}{2}\omega_2 + \tfrac{1}{2}\omega_2', \end{cases}$$

$$(5.)\quad \begin{cases} 2\eta_{12}\omega_2 = \dfrac{\pi^2}{6}\,\dfrac{1+3^3h_2^2-5^3h_2^6-7^3h_2^{12}+\cdots}{1+3h_2^2-5h_2^6-7h_2^{12}+\cdots}, \qquad \eta_{12}\omega_2' - \omega_2\eta_{12}' = \pi i, \\ \eta_{11} = \tfrac{1}{2}\eta_{12} - \tfrac{1}{2}\eta_{12}', \qquad \eta_{13} = \tfrac{1}{2}\eta_{12} + \tfrac{1}{2}\eta_{12}', \end{cases}$$

$$(6.)\quad \sqrt{\frac{2\omega_2}{\pi}}\sqrt[4]{i(e_3-e_1)} = 2h_2^{\frac{1}{4}}(1-h_2^2-h_2^6+h_2^{12}+\cdots),$$

$$(7.)\quad \frac{1}{2}\sqrt{\frac{2\omega_2}{\pi}}\left(\sqrt[4]{e_2-e_3}+\sqrt[4]{e_2-e_1}\right) = 1+2h_2^4+2h_2^{16}+\cdots,$$

$$(8.)\quad \frac{1}{2}\sqrt{\frac{2\omega_2}{\pi}}\left(\sqrt[4]{e_2-e_3}-\sqrt[4]{e_2-e_1}\right) = 2i(h_2+h_2^9+h_2^{25}+\cdots).$$

$$(9.)\quad \sqrt{\frac{2\omega_2}{\pi}}\sqrt[8]{-G} = \frac{\pi}{\omega_2}h_2^{\frac{1}{4}}(1+3h_2^2-5h_2^6-7h_2^{12}+\cdots).$$

$$\left.\begin{array}{ll}
(10.) & \sqrt{\frac{2\omega_2}{\pi}}\sqrt[8]{-G}\,\sigma u = e^{2\eta_2\omega_2 v_2^2} e^{-\frac{1}{4}\pi i}\,\vartheta_1(v_2|\tfrac{1}{2}+\tau_2),\\
(11.) & \sqrt{\frac{2\omega_2}{\pi}}\sqrt[4]{i(e_3-e_1)}\,\sigma_2 u = e^{2\eta_2\omega_2 v_2^2} e^{-\frac{1}{4}\pi i}\,\vartheta_2(v_2|\tfrac{1}{2}+\tau_2),\\
(12.) & \sqrt{\frac{2\omega_2}{\pi}}\sqrt[4]{e_2-e_3}\,\sigma_1 u = e^{2\eta_2\omega_2 v_2^2}\cdot\vartheta_3(v_2|\tfrac{1}{2}+\tau_2),\\
(13.) & \sqrt{\frac{2\omega_2}{\pi}}\sqrt[4]{e_2-e_1}\,\sigma_3 u = e^{2\eta_2\omega_2 v_2^2}\cdot\vartheta_0(v_2|\tfrac{1}{2}+\tau_2).
\end{array}\right\}\quad v_2 = \frac{u}{2\omega_2},\quad \tau_2 = \frac{\omega_2'}{2\omega_2}.$$

$$(14.)\quad e^{-\frac{1}{4}\pi i}\vartheta_1(v_2|\tfrac{1}{2}+\tau_2) = 2h_2^{\frac{1}{4}}\sin v_2\pi + 2h_2^{\frac{9}{4}}\sin 3v_2\pi - 2h_2^{\frac{25}{4}}\sin 5v_2\pi - \cdots,$$

$$(15.)\quad e^{-\frac{1}{4}\pi i}\vartheta_2(v_2|\tfrac{1}{2}+\tau_2) = 2h_2^{\frac{1}{4}}\cos v_2\pi - 2h_2^{\frac{9}{4}}\cos 3v_2\pi - 2h_2^{\frac{25}{4}}\cos 5v_2\pi + \cdots.$$

$$(16.)\quad \tfrac{1}{2}[\vartheta_3(v_2|\tfrac{1}{2}+\tau_2)+\vartheta_0(v_2|\tfrac{1}{2}+\tau_2)] = 1+2h_2^4\cos 4v_2\pi + 2h_2^{16}\cos 8v_2\pi + \cdots,$$

$$(17.)\quad \tfrac{1}{2}[\vartheta_3(v_2|\tfrac{1}{2}+\tau_2)-\vartheta_0(v_2|\tfrac{1}{2}+\tau_2)] = 2i(h_2\cos 2v_2\pi + h_2^9\cos 6v_2\pi + \cdots).$$

Wenn $e_2 \gtreqless 0$, also $\psi \lesseqgtr \frac{1}{2}\pi$, so ist $l_2 \lesseqgtr \mathrm{tg}\frac{1}{8}\pi$ und $h_2 \lesseqgtr e^{-\frac{1}{2}\pi}$.

Wird dagegen $\lambda = 2$, $\mu = 3$, $\nu = 1$, $\tilde{\omega} = \omega_2'$, $\tilde{\omega}' = -\omega_1 = \frac{1}{2}\omega_2' - \frac{1}{2}\omega_2$, $l = il_3$, $h = ih_3$ gesetzt, so ergibt sich das System von Gleichungen

$$(18.)\quad l_3 = \frac{1}{i}\,\frac{\sqrt[4]{e_1-e_2}-\sqrt[4]{e_3-e_2}}{\sqrt[4]{e_1-e_2}+\sqrt[4]{e_3-e_2}} = \mathrm{tg}\tfrac{1}{4}(\pi-\psi),\quad h_3 = \tfrac{1}{2}l_3 + 2(\tfrac{1}{2}l_3)^5 + 15(\tfrac{1}{2}l_3)^9 + 150(\tfrac{1}{2}l_3)^{13} + \cdots,$$

$$(19.)\quad \left\{\begin{array}{l}
\sqrt{\frac{2\omega_2'}{\pi i}} = \frac{2}{\sqrt[4]{e_1-e_2}+\sqrt[4]{e_3-e_2}}(1+2h_3^4+2h_3^{16}+\cdots),\qquad \omega_2 = \frac{2\omega_2'}{\pi i}\log\mathrm{nat}\left(\frac{1}{h_3}\right),\\
\omega_1 = \tfrac{1}{2}\omega_2 - \tfrac{1}{2}\omega_2',\qquad \omega_3 = \tfrac{1}{2}\omega_2 + \tfrac{1}{2}\omega_2'.
\end{array}\right.$$

$$(20.)\quad \left\{\begin{array}{l}
2\eta_{12}'\omega_2' = \frac{\pi^2}{6}\,\frac{1+3^3h_3^2-5^3h_3^6-7^3h_3^{12}+\cdots}{1+3h_3^2-5h_3^6-7h_3^{12}+\cdots},\qquad \eta_{12}\omega_2'-\omega_2\eta_{12}' = \pi i,\\
\eta_{11} = \tfrac{1}{2}\eta_{12} - \tfrac{1}{2}\eta_{12}',\qquad \eta_{13} = \tfrac{1}{2}\eta_{12} + \tfrac{1}{2}\eta_{12}';
\end{array}\right.$$

$$(21.)\quad \sqrt{\frac{2\omega_2'}{\pi i}}\sqrt[4]{i(e_3-e_1)} = 2h_3^{\frac{1}{2}}(1-h_3^2-h_3^6+h_3^{12}+\cdots).$$

$$(22.)\quad \tfrac{1}{2}\sqrt{\frac{2\omega_2'}{\pi i}}\left(\sqrt[4]{e_1-e_2}+\sqrt[4]{e_3-e_2}\right) = 1+2h_3^4+2h_3^{16}+\cdots,$$

$$(23.)\quad \tfrac{1}{2}\sqrt{\frac{2\omega_2'}{\pi i}}\left(\sqrt[4]{e_1-e_2}-\sqrt[4]{e_3-e_2}\right) = 2i(h_3+h_3^9+h_3^{25}+\cdots).$$

$$(24.)\quad \sqrt{\frac{2\omega_2'}{\pi i}}\sqrt[8]{-G} = \frac{\pi i}{\omega_2'}h_3^{\frac{1}{2}}(1+3h_3^2-5h_3^6-7h_3^{12}+\cdots).$$

$$(25.)\qquad \sqrt{\frac{2\omega_2'}{\pi i}}\sqrt[8]{-G}\,\sigma u = \frac{1}{i}\, e^{-2\eta_2'\omega_2' v_3^2} e^{-\frac{1}{4}\pi i}\,\vartheta_1(v_3 i\,|\,\tfrac{1}{2}+\tau_3),$$

$$(26.)\qquad \sqrt{\frac{2\omega_2'}{\pi i}}\sqrt[4]{i(e_3-e_1)}\,\sigma_2 u = e^{-2\eta_2'\omega_2' v_3^2} e^{-\frac{1}{8}\pi i}\,\vartheta_2(v_3 i\,|\,\tfrac{1}{2}+\tau_3),$$

$$(27.)\qquad \sqrt{\frac{2\omega_2'}{\pi i}}\sqrt[4]{e_1-e_2}\,\sigma_3 u = e^{-2\eta_2'\omega_2' v_3^2}\cdot\vartheta_3(v_3 i\,|\,\tfrac{1}{2}+\tau_3),$$

$$(28.)\qquad \sqrt{\frac{2\omega_2'}{\pi i}}\sqrt[4]{e_3-e_2}\,\sigma_1 u = e^{-2\eta_2'\omega_2' v_3^2}\cdot\vartheta_0(v_3 i\,|\,\tfrac{1}{2}+\tau_3),$$

$$v_3 = \frac{u i}{2\omega_2'};\qquad \tau_3 = -\frac{\omega_2}{2\omega_2'}.$$

$$(29.)\qquad \frac{1}{i}e^{-\frac{1}{8}\pi i}\vartheta_1(v_3 i\,|\,\tfrac{1}{2}+\tau_3) = h_3^{\frac{1}{4}}(e^{v_3\pi}-e^{-v_3\pi}) + h_3^{\frac{9}{4}}(e^{3v_3\pi}-e^{-3v_3\pi}) - h_3^{\frac{25}{4}}(e^{5v_3\pi}-e^{-5v_3\pi}) - \cdots,$$

$$(30.)\qquad e^{-\frac{1}{8}\pi i}\vartheta_2(v_3 i\,|\,\tfrac{1}{2}+\tau_3) = h_3^{\frac{1}{4}}(e^{v_3\pi}+e^{-v_3\pi}) - h_3^{\frac{9}{4}}(e^{3v_3\pi}+e^{-3v_3\pi}) - h_3^{\frac{25}{4}}(e^{5v_3\pi}+e^{-5v_3\pi}) + \cdots,$$

$$(31.)\qquad \tfrac{1}{2}[\vartheta_3(v_3 i\,|\,\tfrac{1}{2}+\tau_3)+\vartheta_0(v_3 i\,|\,\tfrac{1}{2}+\tau_3)] = 1 + h_3^4(e^{4v_3\pi}+e^{-4v_3\pi}) + h_3^{16}(e^{8v_3\pi}+e^{-8v_3\pi}) + \cdots,$$

$$(32.)\qquad \tfrac{1}{2}[\vartheta_3(v_3 i\,|\,\tfrac{1}{2}+\tau_3)-\vartheta_0(v_3 i\,|\,\tfrac{1}{2}+\tau_3)] = i[h_3(e^{2v_3\pi}+e^{-2v_3\pi}) + h_3^9(e^{6v_3\pi}+e^{-6v_3\pi}) + \cdots].$$

Wenn $e_2 \gtreqless 0$, also $\psi \lesseqgtr \frac{1}{2}\pi$, so ist $l_3 \gtreqless \operatorname{tg}\frac{1}{8}\pi$ und $h_3 \gtreqless e^{-\frac{1}{2}\pi}$.

Die Grösse $\operatorname{tg}\frac{1}{8}\pi$ hat den Werth $\sqrt{2}-1 = 0{,}4142136$, die Grösse $e^{-\frac{1}{2}\pi} = 0{,}2078796$.

Wenn g_3, also auch e_2 positiv ist, so empfiehlt sich der Gebrauch der Gleichungen (3—17.); ist aber g_3, also auch e_2 negativ, so empfiehlt sich der Gebrauch der Gleichungen (18—32.), weil im ersten Falle die Grösse h_2 kleiner ist als die Grösse h_3, während im zweiten Falle die Grösse h_3 kleiner ist als die Grösse h_2.

47.

Unter Beibehaltung der im Art. 45 und im Art. 46 getroffenen Festsetzungen bestehen ferner folgende Gleichungen:

$$(1.)\qquad \frac{\sigma_1(\frac{1}{2}\omega_1+u)}{\sigma(\frac{1}{2}\omega_1+u)} = \sqrt[4]{e_1-e_3}\sqrt[4]{e_1-e_2}\,\frac{\vartheta_2(v\,|\,\frac{1}{2}+\tau)-\vartheta_1(v\,|\,\frac{1}{2}+\tau)}{\vartheta_2(v\,|\,\frac{1}{2}+\tau)+\vartheta_1(v\,|\,\frac{1}{2}+\tau)};\qquad \tau = \frac{\omega_3}{\omega_1}.\quad \text{(Art. 45)}$$

$$(2.)\qquad \frac{\sigma_3(\frac{1}{2}\omega_3+u)}{\sigma(\frac{1}{2}\omega_3+u)} = \frac{1}{i}\sqrt[4]{e_1-e_3}\sqrt[4]{e_2-e_3}\,\frac{\vartheta_2(v_1 i\,|\,\frac{1}{2}+\tau_1)+\vartheta_1(v_1 i\,|\,\frac{1}{2}+\tau_1)}{\vartheta_2(v_1 i\,|\,\frac{1}{2}+\tau_1)-\vartheta_1(v_1 i\,|\,\frac{1}{2}+\tau_1)};\quad \tau_1 = -\frac{\omega_1}{\omega_3}.\quad \text{(Art. 45)}$$

$$(3.)\qquad \frac{\sigma_2(\frac{1}{2}\omega_2+u)}{\sigma(\frac{1}{2}\omega_2+u)} = \sqrt[4]{e_2-e_3}\sqrt[4]{e_2-e_1}\,\frac{\vartheta_2(v_2\,|\,\tau_2)-\vartheta_1(v_2\,|\,\tau_2)}{\vartheta_2(v_2\,|\,\tau_2)+\vartheta_1(v_2\,|\,\tau_2)};\qquad \tau_2 = \frac{\omega_2'}{2\omega_2}.\quad \text{(Art. 46)}$$

$$(4.)\qquad \frac{\sigma_2(\frac{1}{2}\omega_2'+u)}{\sigma(\frac{1}{2}\omega_2'+u)} = \frac{1}{i}\sqrt[4]{e_3-e_2}\sqrt[4]{e_1-e_2}\,\frac{\vartheta_2(v_3 i\,|\,\tau_3)+\vartheta_1(v_3 i\,|\,\tau_3)}{\vartheta_2(v_3 i\,|\,\tau_3)-\vartheta_1(v_3 i\,|\,\tau_3)};\qquad \tau_3 = -\frac{\omega_2}{2\omega_2'}.\quad \text{(Art. 46)}$$

Berechnung eines zu gegebenen Werthen der Functionen $\wp u$ und $\wp' u$ gehörenden Werthes des Argumentes u.

48.

Uebereinstimmend mit den im Art. 44 getroffenen Festsetzungen sei $(2\omega_\lambda, 2\omega_\nu)$ ein bestimmtes primitives Periodenpaar des Argumentes der Function $\wp u$. Die Wurzelgrössen $\sqrt[4]{e_\lambda - e_\nu}$, $\sqrt[4]{e_\lambda - e_\mu}$ seien ebenso bestimmt, wie im Art. 44, die Quadrate derselben mögen mit $\sqrt{e_\lambda - e_\nu}$, $\sqrt{e_\lambda - e_\mu}$ bezeichnet werden.

Bezeichnet u_0 einen der Werthe, welche für u gesetzt die Gleichung $\wp u = s$ befriedigen, so sind alle Wurzeln dieser Gleichung in der Formel

$$u = \pm u_0 + 2\mu\omega_\lambda + 2\mu'\omega_\nu \tag{1.}$$

enthalten, in welcher μ, μ' irgend welche positive oder negative ganze Zahlen einschliesslich der Null bedeuten.

In Folge der Gleichung $\frac{\sigma_\nu(u \pm 2\omega_\nu)}{\sigma_\mu(u \pm 2\omega_\nu)} = -\frac{\sigma_\nu u}{\sigma_\mu u}$ gibt es unter diesen Werthen der Grösse u stets solche, für welche der reelle Theil des Quotienten $\frac{\sqrt[4]{e_\lambda - e_\mu}}{\sqrt[4]{e_\lambda - e_\nu}} \frac{\sigma_\nu u}{\sigma_\mu u}$ nicht negativ und demnach der absolute Betrag der Grösse

$$\frac{\sqrt[4]{e_\lambda - e_\nu}\,\sigma_\mu u - \sqrt[4]{e_\lambda - e_\mu}\,\sigma_\nu u}{\sqrt[4]{e_\lambda - e_\nu}\,\sigma_\mu u + \sqrt[4]{e_\lambda - e_\mu}\,\sigma_\nu u} = \frac{\sqrt[4]{e_\lambda - e_\nu} - \sqrt[4]{e_\lambda - e_\mu}}{\sqrt[4]{e_\lambda - e_\nu} + \sqrt[4]{e_\lambda - e_\mu}} \frac{\sigma_1(2u \mid \omega_\lambda, 4\omega_\nu)}{\sigma_2(2u \mid \omega_\lambda, 4\omega_\nu)} \tag{2.}$$

vergl. Art. 35 (12.)

nicht grösser als 1 ist.

Nachdem die den Wurzelgrössen $\sqrt{s - e_\mu}$, $\sqrt{s - e_\nu}$ beizulegenden Werthe der Bedingung gemäss gewählt sind, dass der reelle Theil des Quotienten $\frac{\sqrt[4]{e_\lambda - e_\mu}\sqrt{s - e_\nu}}{\sqrt[4]{e_\lambda - e_\nu}\sqrt{s - e_\mu}}$ nicht negativ ist, setze man

$$\frac{\sqrt[4]{e_\lambda - e_\nu} - \sqrt[4]{e_\lambda - e_\mu}}{\sqrt[4]{e_\lambda - e_\nu} + \sqrt[4]{e_\lambda - e_\mu}} = l, \qquad \frac{\sqrt[4]{e_\lambda - e_\nu}\sqrt{s - e_\mu} - \sqrt[4]{e_\lambda - e_\mu}\sqrt{s - e_\nu}}{\sqrt[4]{e_\lambda - e_\nu}\sqrt{s - e_\mu} + \sqrt[4]{e_\lambda - e_\mu}\sqrt{s - e_\nu}} = lt, \tag{3.}$$

$$\begin{aligned} \mathfrak{L}_0 &= 1 + (\tfrac{1}{2})^2 l^4 + (\tfrac{1\cdot 3}{2\cdot 4})^2 l^8 + (\tfrac{1\cdot 3\cdot 5}{2\cdot 4\cdot 6})^2 l^{12} + \cdots, \\ \mathfrak{L}_{0,1} &= \quad (\tfrac{1}{2})^2 l^4 + (\tfrac{1\cdot 3}{2\cdot 4})^2 l^8 + (\tfrac{1\cdot 3\cdot 5}{2\cdot 4\cdot 6})^2 l^{12} + \cdots, \\ \mathfrak{L}_{0,2} &= \qquad (\tfrac{1\cdot 3}{2\cdot 4})^2 l^8 + (\tfrac{1\cdot 3\cdot 5}{2\cdot 4\cdot 6})^2 l^{12} + \cdots. \\ \mathfrak{L}_{0,3} &= \qquad\qquad (\tfrac{1\cdot 3\cdot 5}{2\cdot 4\cdot 6})^2 l^{12} + \cdots, \\ &\;\;\cdot \qquad\qquad \cdot\;\;\cdot\;\;\cdot\;\;\cdot \end{aligned} \tag{4.}$$

Dann ergibt die Gleichung

$$(5.)\quad \begin{cases} \frac{1}{2}\left(\sqrt{e_\lambda-e_\nu}+\sqrt{e_\lambda-e_\mu}\right)^2\cdot u = \int_t^1 \frac{d\xi}{\sqrt{1-\xi^2}\sqrt{1-l^4\xi^2}} = \\ = \frac{1}{i}\mathfrak{L}_0 \operatorname{lognat}(t+i\sqrt{1-t^2})+\sqrt{1-t^2}\left(\mathfrak{L}_{0,1}t+\frac{2}{3}\mathfrak{L}_{0,2}t^3+\frac{2\cdot 4}{3\cdot 5}\mathfrak{L}_{0,3}t^5+\cdots\right), \end{cases}$$

wenn man der Grösse $\sqrt{1-t^2}$ irgend einen ihrer beiden Werthe und dem natürlichen Logarithmus irgend einen seiner unendlich vielen Werthe beilegt, stets einen solchen Werth der Grösse u, für welchen die Gleichung $\wp u = s$ erfüllt ist.

Die Integration kann auf directem Wege ausgeführt und der Quadratwurzel $\sqrt{1-l^4\xi^2}$ kann derjenige von ihren beiden Werthen beigelegt werden, dessen reeller Theil positiv ist.

Bezeichnet $\sqrt{S}$ irgend einen der beiden Werthe der Wurzelgrösse $\sqrt{4s^3-g_2s-g_3}$, so besteht die Gleichung

$$(6.)\quad \wp' u = -\sqrt{S},$$

wenn bei der Berechnung der Grösse u mittelst der Gleichung (5.) der Wurzelgrösse $\sqrt{1-t^2}$ der Werth

$$(7.)\quad \sqrt{1-t^2} = \frac{\sqrt{e_\lambda-e_\nu}+\sqrt{e_\lambda-e_\mu}}{2}\,\frac{1-l^2t^2}{\sqrt{1-l^4t^2}}\,\frac{\sqrt{S}}{(s-e_\mu)(s-e_\nu)}$$

beigelegt wird. Hierbei ist der Wurzelgrösse $\sqrt{1-l^4t^2}$ derjenige ihrer beiden Werthe zu geben, dessen reeller Theil positiv ist.

Bei dieser Bestimmung der Wurzelgrösse $\sqrt{1-t^2}$ erhält man demnach aus der Gleichung (5.) für jedes gegebene Paar zusammengehörender Werthe s, $\sqrt{S}$ einen Werth des Argumentes u, für welchen $\wp u = s$, $\wp' u = -\sqrt{S}$ ist.

Durch Einführung der Bezeichnungen

$$(8.)\quad \mathfrak{G}_1(t) = t,\qquad \mathfrak{G}_2(t) = t+\tfrac{2}{3}t^3,\qquad \mathfrak{G}_3(t) = t+\tfrac{2}{3}t^3+\tfrac{2\cdot 4}{3\cdot 5}t^5,$$

geht die Gleichung (5.) über in die Gleichung

$$(9.)\quad \begin{cases} \frac{1}{2}\left(\sqrt{e_\lambda-e_\nu}+\sqrt{e_\lambda-e_\mu}\right)^2\cdot u = \frac{1}{i}\mathfrak{L}_0 \operatorname{lognat}(t+i\sqrt{1-t^2})+ \\ +\sqrt{1-t^2}\left[\left(\frac{1}{2}\right)^2\mathfrak{G}_1(t)\,l^4+\left(\frac{1\cdot 3}{2\cdot 4}\right)^2\mathfrak{G}_2(t)\,l^8+\left(\frac{1\cdot 3\cdot 5}{2\cdot 4\cdot 6}\right)^2\mathfrak{G}_3(t)\,l^{12}+\cdots\right]. \end{cases}$$

Gibt man der Grösse s den Werth e_λ, beziehungsweise den Werth e_ν, so ergeben sich aus der Gleichung (5.) die folgenden

$$(10.)\quad \omega_\lambda = \frac{2\mathfrak{L}_0\pi}{\frac{1}{2}\left(\sqrt{e_\lambda-e_\nu}+\sqrt{e_\lambda-e_\mu}\right)^2},\qquad \omega_\nu = \frac{2\mathfrak{L}_0 i\operatorname{lognat}(2l^{-1})-2i\left(\frac{1}{1\cdot 2}\mathfrak{L}_{0,1}+\frac{1}{3\cdot 4}\mathfrak{L}_{0,2}+\frac{1}{5\cdot 6}\mathfrak{L}_{0,3}+\cdots\right)}{\frac{1}{2}\left(\sqrt{e_\lambda-e_\nu}+\sqrt{e_\lambda-e_\mu}\right)^2}.$$

Dem natürlichen Logarithmus ist sein Hauptwerth beizulegen. Anstatt mit Hülfe der Gleichungen (3—7.) direct einen Werth der Grösse u zu ermitteln, welcher zu gegebenen Werthen $\wp u = s$, $\wp' u = -\sqrt{S}$ gehört, kann man auch aus diesen letzteren nach Annahme einer beliebig zu wählenden Grösse v mittelst des Additionstheorems zunächst die Werthe $\wp(u+v) = s'$ und $\wp'(u+v) = -\sqrt{S'}$ bestimmen und aus den auf diese Weise erhaltenen Werthen von $\wp(u+v)$ und $\wp'(u+v)$ mittelst der Formeln (3—7.) einen der zugehörenden Werthe des Argumentes $u+v$ berechnen. Durch Subtraction der Grösse v ergibt sich dann einer der gesuchten Werthe des Argumentes u.

Dieses Verfahren kommt besonders für den Fall in Betracht, in welchem für die Grösse v der Werth $\pm\omega_\lambda$ gewählt wird.

Es folgen hier die für die Annahme $v = -\omega_\lambda$ sich ergebenden Formeln.

Hinsichtlich der Wahl des der Wurzelgrösse $\sqrt{e_\lambda - s}$ beizulegenden Werthes wird die Bestimmung getroffen, dass der reelle Theil der Grösse

$$(11.)\qquad \frac{\sqrt{e_\lambda - s}}{\sqrt[4]{e_\lambda - e_\nu}\sqrt[4]{e_\lambda - e_\mu}} = \frac{1+lt'}{1-lt'}$$

nicht negativ sein darf. Der Werth der Grösse t' ergibt sich aus der Gleichung

$$(12.)\qquad \frac{\sqrt{e_\lambda - s} - \sqrt[4]{e_\lambda - e_\nu}\sqrt[4]{e_\lambda - e_\mu}}{\sqrt{e_\lambda - s} + \sqrt[4]{e_\lambda - e_\nu}\sqrt[4]{e_\lambda - e_\mu}} = lt'.$$

Der Wurzelgrösse $\sqrt{1-t'^2}$ lege man den aus der Gleichung

$$(13.)\qquad \sqrt{1-t'^2} = \frac{\sqrt{e_\lambda - e_\nu} + \sqrt{e_\lambda - e_\mu}}{2(e_\mu - e_\nu)} \cdot \frac{1-l^2t'^2}{\sqrt{1-l^2t'^2}} \cdot \frac{\sqrt{S}}{(s-e_\lambda)}$$

unter der Bedingung $\Re\sqrt{1-l^2t'^2} > 0$ sich ergebenden Werth bei.

Unter diesen Voraussetzungen ergibt die Gleichung

$$(14.)\qquad \begin{cases} \frac{1}{2}\left(\sqrt[4]{e_\lambda - e_\nu} + \sqrt[4]{e_\lambda - e_\mu}\right)^2 (u - \omega_\lambda) = \\ = \frac{1}{l}\mathfrak{L}_0 \log\text{nat}(t' + i\sqrt{1-t'^2}) + \sqrt{1-t'^2}\left(\mathfrak{L}_{0,1}t' + \frac{2}{3}\mathfrak{L}_{0,2}t'^3 + \frac{2\cdot 4}{3\cdot 5}\mathfrak{L}_{0,3}t'^5 + \cdots\right) \end{cases}$$

stets einen derjenigen Werthe der Grösse u, für welche $\wp u = s$, $\wp' u = -\sqrt{S}$ ist.

In Bezug auf die Formeln (5.) und (14.) ist Folgendes zu bemerken.

Die Glieder der nach Potenzen der Grösse t fortschreitenden Reihe

$$\mathfrak{L}_{0,1}t + \frac{2}{3}\mathfrak{L}_{0,2}t^3 + \frac{2\cdot 4}{3\cdot 5}\mathfrak{L}_{0,3}t^5 + \cdots$$

nehmen in stärkerem Maasse ab, als die Glieder einer geometrischen Reihe mit dem Quotienten l'/l, wobei der absolute Betrag der Grösse l die Einheit nicht überschreitet. Im Allgemeinen wird es sich demnach empfehlen, zur Berechnung eines Werthes des Argumentes u die Gleichung (5.) oder die Gleichung (14.) anzuwenden, jenachdem von den beiden Grössen l, l' die erste oder die zweite den kleineren absoluten Betrag hat.

Wenn die Grössen e_λ, e_μ, e_ν bekannt sind, so sind die im Vorhergehenden enthaltenen Formeln ausreichend, um alle zu gegebenen Werthen der Functionen $\wp u$ und $\wp' u$ gehörenden Werthe des Argumentes u zu berechnen.

Entsprechend den in den Artikeln 45 und 46 enthaltenen Bestimmungen sind für diejenigen Fälle, in welchen die Invarianten g_2 und g_3 reelle Werthe haben, die Permutationen $(\lambda, \mu, \nu) = (1, 2, 3)$, $(3, 2, 1)$, $(2, 1, 3)$, $(2, 3, 1)$ in Betracht zu ziehen.

Zur Erleichterung für den Gebrauch der vorstehenden Formeln sollen die wichtigsten derselben in den beiden folgenden Artikeln unter Voraussetzung reeller Werthe der Invarianten für die angegebenen Permutationen specialisirt werden.

Specielle Formeln zur Berechnung eines zu gegebenen Werthen der Functionen $\wp u$ und $\wp' u$ gehörenden Werthes des Argumentes u für den Fall reeller Werthe der Invarianten.

49.

Unter Beibehaltung der im Art. 45 erklärten Bezeichnungen ergeben sich für den Fall reeller Werthe der Invarianten, wenn die Discriminante G einen positiven Werth hat, und mit α, β zwei reelle Grössen bezeichnet werden, dem Inhalte des vorhergehenden Art. entsprechend folgende Systeme von Gleichungen, in welchen dem natürlichen Logarithmus sein Hauptwerth beizulegen ist:

I. $\lambda = 1$, $\mu = 2$, $\nu = 3$.

$$(1.)\quad \begin{aligned} \mathfrak{L}_0 &= 1 + (\tfrac{1}{2})^2 l^4 + (\tfrac{1\cdot 3}{2\cdot 4})^2 l^8 + (\tfrac{1\cdot 3\cdot 5}{2\cdot 4\cdot 6})^2 l^{12} + \cdots, \\ \mathfrak{L}_{0,1} &= (\tfrac{1}{2})^2 l^4 + (\tfrac{1\cdot 3}{2\cdot 4})^2 l^8 + (\tfrac{1\cdot 3\cdot 5}{2\cdot 4\cdot 6})^2 l^{12} + \cdots, \\ \mathfrak{L}_{0,2} &= (\tfrac{1\cdot 3}{2\cdot 4})^2 l^8 + (\tfrac{1\cdot 3\cdot 5}{2\cdot 4\cdot 6})^2 l^{12} + \cdots, \\ \mathfrak{L}_{0,3} &= (\tfrac{1\cdot 3\cdot 5}{2\cdot 4\cdot 6})^2 l^{12} + \cdots, \end{aligned} \qquad \begin{aligned} \tfrac{1}{2}\omega_1 &= \frac{\mathfrak{L}_0 \pi}{(\sqrt{e_1 - e_3} + \sqrt{e_1 - e_2})^2}, \\ \tfrac{1}{2}\omega_3 &= \frac{\mathfrak{L}_0 i \operatorname{lognat}(2l^{-1}) - i(\frac{1}{1\cdot 2}\mathfrak{L}_{0,1} + \frac{1}{3\cdot 4}\mathfrak{L}_{0,2} + \cdots)}{(\sqrt{e_1 - e_3} + \sqrt{e_1 - e_2})^2}. \end{aligned}$$

(2.) $$\wp u = s, \quad \Re\frac{\sqrt{s-e_3}}{\sqrt{s-e_2}} \geqq 0, \quad \frac{\sqrt[4]{e_1-e_3}\sqrt{s-e_2}-\sqrt[4]{e_1-e_2}\sqrt{s-e_3}}{\sqrt[4]{e_1-e_3}\sqrt{s-e_2}+\sqrt[4]{e_1-e_2}\sqrt{s-e_3}} = lt,$$

(3.) $$\wp' u = -\sqrt{S}, \quad \Re\sqrt{1-l^4t^4} > 0, \quad \sqrt{1-t^2} = \frac{\sqrt{e_1-e_3}+\sqrt{e_1-e_2}}{2}\,\frac{1-l^2t^2}{\sqrt{1-l^4t^4}}\,\frac{\sqrt{S}}{(s-e_2)(s-e_3)},$$

(4.) $$\left\{\begin{aligned} &\tfrac12\left(\sqrt[4]{e_1-e_3}+\sqrt[4]{e_1-e_2}\right)^2\cdot(u-\tfrac12\omega_1) = \\ &= \mathfrak{L}_0 i \operatorname{log\,nat}(\sqrt{1-t^2}+ti)+\sqrt{1-t^2}(\mathfrak{L}_{0,1}t+\tfrac23\mathfrak{L}_{0,2}t^3+\tfrac{2\cdot4}{3\cdot5}\mathfrak{L}_{0,3}t^5+\cdots); \\ &u = (\tfrac12+\alpha)\omega_1+\beta\omega_3, \quad -1 \leqq \alpha \leqq 1, \quad -1 \leqq \beta \leqq 1. \end{aligned}\right.$$

(2*) $$\wp u = s, \quad \Re\sqrt{e_1-s} \geqq 0, \quad \frac{\sqrt{e_1-s}-\sqrt[4]{e_1-e_3}\sqrt[4]{e_1-e_2}}{\sqrt{e_1-s}+\sqrt[4]{e_1-e_3}\sqrt[4]{e_1-e_2}} = lt',$$

(3*) $$\wp' u = -\sqrt{S}, \quad \Re\sqrt{1-l^4t'^4} > 0, \quad \sqrt{1-t'^2} = \frac{\sqrt{e_1-e_3}+\sqrt{e_1-e_2}}{2(e_2-e_3)}\,\frac{1-l^2t'^2}{\sqrt{1-l^4t'^4}}\,\frac{\sqrt{S}}{(s-e_1)},$$

(4*) $$\left\{\begin{aligned} &\tfrac12\left(\sqrt[4]{e_1-e_3}+\sqrt[4]{e_1-e_2}\right)^2\cdot(u-\tfrac12\omega_1-\omega_3) = \\ &= \mathfrak{L}_0 i \operatorname{log\,nat}(\sqrt{1-t'^2}+t'i)+\sqrt{1-t'^2}(\mathfrak{L}_{0,1}t'+\tfrac23\mathfrak{L}_{0,2}t'^3+\tfrac{2\cdot4}{3\cdot5}\mathfrak{L}_{0,3}t'^5+\cdots); \\ &u = (\tfrac12+\alpha)\omega_1+(1+\beta)\omega_3, \quad -1 \leqq \alpha \leqq 1, \quad -1 \leqq \beta \leqq 1. \end{aligned}\right.$$

II. $\lambda = 3, \quad \mu = 2, \quad \nu = 1.$

(5.) $$\begin{aligned} \mathfrak{L}_1 &= 1+(\tfrac12)^2 l_1^4+(\tfrac{1\cdot3}{2\cdot4})^2 l_1^8+(\tfrac{1\cdot3\cdot5}{2\cdot4\cdot6})^2 l_1^{12}+\cdots, \\ \mathfrak{L}_{1,1} &= (\tfrac12)^2 l_1^4+(\tfrac{1\cdot3}{2\cdot4})^2 l_1^8+(\tfrac{1\cdot3\cdot5}{2\cdot4\cdot6})^2 l_1^{12}+\cdots, \\ \mathfrak{L}_{1,2} &= (\tfrac{1\cdot3}{2\cdot4})^2 l_1^8+(\tfrac{1\cdot3\cdot5}{2\cdot4\cdot6})^2 l_1^{12}+\cdots, \\ \mathfrak{L}_{1,3} &= (\tfrac{1\cdot3\cdot5}{2\cdot4\cdot6})^2 l_1^{12}+\cdots, \\ &\cdots\cdots\cdots \end{aligned} \qquad \begin{aligned} \tfrac12\omega_3 &= \frac{\mathfrak{L}_1\pi i}{(\sqrt[4]{e_1-e_3}+\sqrt[4]{e_2-e_3})^2}, \\ \tfrac12\omega_1 &= \frac{\mathfrak{L}_1 \operatorname{log\,nat}(2l_1^{-1})-(\tfrac{1}{1\cdot2}\mathfrak{L}_{1,1}+\tfrac{1}{3\cdot4}\mathfrak{L}_{1,2}+\cdots)}{(\sqrt[4]{e_1-e_3}+\sqrt[4]{e_2-e_3})^2}. \end{aligned}$$

(6.) $$\wp u = s, \quad \Re\frac{\sqrt{s-e_1}}{\sqrt{s-e_2}} \geqq 0, \quad \frac{\sqrt[4]{e_1-e_3}\sqrt{s-e_2}-\sqrt[4]{e_2-e_3}\sqrt{s-e_1}}{\sqrt[4]{e_1-e_3}\sqrt{s-e_2}+\sqrt[4]{e_2-e_3}\sqrt{s-e_1}} = l_1t_1,$$

(7.) $$\wp' u = -\sqrt{S}, \quad \Re\sqrt{1-l_1^4t_1^4} > 0, \quad \sqrt{1-t_1^2} = \frac{\sqrt{e_1-e_3}+\sqrt{e_2-e_3}}{2i}\,\frac{1-l_1^2t_1^2}{\sqrt{1-l_1^4t_1^4}}\,\frac{\sqrt{S}}{(s-e_1)(s-e_2)},$$

(8.) $$\left\{\begin{aligned} &\tfrac12\left(\sqrt[4]{e_1-e_3}+\sqrt[4]{e_2-e_3}\right)^2\cdot(u-\tfrac12\omega_3) = \\ &= \mathfrak{L}_1 \operatorname{log\,nat}(\sqrt{1-t_1^2}-t_1i)+i\sqrt{1-t_1^2}(\mathfrak{L}_{1,1}t_1+\tfrac23\mathfrak{L}_{1,2}t_1^3+\tfrac{2\cdot4}{3\cdot5}\mathfrak{L}_{1,3}t_1^5+\cdots); \\ &u = \alpha\omega_1+(\tfrac12+\beta)\omega_3, \quad -1 \leqq \alpha \leqq 1, \quad -1 \leqq \beta \leqq 1. \end{aligned}\right.$$

$$(6^*)\qquad \wp u = s,\qquad \Re\sqrt{s-e_3}\geqq 0,\qquad \frac{\sqrt{s-e_3}-\sqrt[4]{e_1-e_3}\sqrt[4]{e_2-e_3}}{\sqrt{s-e_3}+\sqrt[4]{e_1-e_3}\sqrt[4]{e_2-e_3}} = l_1 t_1'.$$

$$(7^*)\qquad \wp' u = -\sqrt{S},\quad \Re\sqrt{1-l_1^4 t_1'^2} > 0,\quad \sqrt{1-t_1'^2} = -\frac{\sqrt{e_1-e_3}+\sqrt{e_2-e_3}}{2i(e_1-e_2)}\,\frac{1-l_1^2 t_1'^2}{\sqrt{1-l_1^4 t_1'^2}}\,\frac{\sqrt{S}}{(s-e_3)},$$

$$(8^*)\qquad \begin{cases} \tfrac{1}{2}\left(\sqrt[4]{e_1-e_3}+\sqrt[4]{e_2-e_3}\right)^2\left(u-\omega_1-\tfrac{1}{2}\omega_3\right) = \\ = \mathfrak{L}_1 \log\mathrm{nat}\left(\sqrt{1-t_1'^2}-t_1' i\right) + i\sqrt{1-t_1'^2}\left(\mathfrak{L}_{1,1}t_1' + \tfrac{2}{3}\mathfrak{L}_{1,2}t_1'^3 + \tfrac{2\cdot 4}{3\cdot 5}\mathfrak{L}_{1,3}t_1'^5 + \cdots\right); \\ u = (1+\alpha)\omega_1 + \left(\tfrac{1}{2}+\beta\right)\omega_3,\quad -1\leqq\alpha\leqq 1,\quad -1\leqq\beta\leqq 1. \end{cases}$$

50.

Unter Beibehaltung der im Art. 46 erklärten Bezeichnungen ergeben sich für den Fall reeller Werthe der Invarianten, wenn die Discriminante G einen negativen Werth hat, und mit α, β zwei reelle Grössen bezeichnet werden, folgende Systeme von Gleichungen, in welchen dem natürlichen Logarithmus sein Hauptwerth beizulegen ist:

III. $\lambda = 2,\quad \mu = 1,\quad \nu = 3.$

$$(1.)\qquad \begin{aligned} \mathfrak{L}_2 &= 1 + \left(\tfrac{1}{2}\right)^2 l_2^4 + \left(\tfrac{1\cdot 3}{2\cdot 4}\right)^2 l_2^8 + \left(\tfrac{1\cdot 3\cdot 5}{2\cdot 4\cdot 6}\right)^2 l_2^{12} + \cdots, \\ \mathfrak{L}_{2,1} &= \left(\tfrac{1}{2}\right)^2 l_2^4 + \left(\tfrac{1\cdot 3}{2\cdot 4}\right)^2 l_2^8 + \left(\tfrac{1\cdot 3\cdot 5}{2\cdot 4\cdot 6}\right)^2 l_2^{12} + \cdots, \\ \mathfrak{L}_{2,2} &= \left(\tfrac{1\cdot 3}{2\cdot 4}\right)^2 l_2^8 + \left(\tfrac{1\cdot 3\cdot 5}{2\cdot 4\cdot 6}\right)^2 l_2^{12} + \cdots, \\ \mathfrak{L}_{2,3} &= \left(\tfrac{1\cdot 3\cdot 5}{2\cdot 4\cdot 6}\right)^2 l_2^{12} + \cdots. \\ &\cdots\cdots \end{aligned} \qquad \begin{aligned} \tfrac{1}{2}\omega_2 &= \frac{\mathfrak{L}_2\pi}{\left(\sqrt[4]{e_2-e_3}+\sqrt[4]{e_2-e_1}\right)^2}, \\ \tfrac{1}{2}\omega_2' &= \frac{2\mathfrak{L}_2 i \log\mathrm{nat}\left(2 l_2^{-1}\right) - 2i\left(\tfrac{1}{1\cdot 2}\mathfrak{L}_{2,1} + \tfrac{1}{3\cdot 4}\mathfrak{L}_{2,2} + \cdots\right)}{\left(\sqrt[4]{e_2-e_3}+\sqrt[4]{e_2-e_1}\right)^2}. \end{aligned}$$

$$(2.)\qquad \wp u = s,\qquad \Re\frac{\sqrt[4]{e_2-e_1}\sqrt{s-e_3}}{\sqrt[4]{e_2-e_3}\sqrt{s-e_1}} \geqq 0,\qquad \frac{\sqrt[4]{e_2-e_3}\sqrt{s-e_1}-\sqrt[4]{e_2-e_1}\sqrt{s-e_3}}{\sqrt[4]{e_2-e_3}\sqrt{s-e_1}+\sqrt[4]{e_2-e_1}\sqrt{s-e_3}} = i l_2 t_2.$$

$$(3.)\qquad \wp' u = -\sqrt{S},\quad \Re\sqrt{1-l_2^4 t_2^2} > 0,\quad \sqrt{1-t_2^2} = \frac{\sqrt{e_2-e_3}+\sqrt{e_2-e_1}}{2}\,\frac{1+l_2^2 t_2^2}{\sqrt{1-l_2^4 t_2^2}}\,\frac{\sqrt{S}}{(s-e_1)(s-e_3)},$$

$$(4.)\qquad \begin{cases} \tfrac{1}{2}\left(\sqrt[4]{e_2-e_3}+\sqrt[4]{e_2-e_1}\right)^2\left(u-\tfrac{1}{2}\omega_2\right) = \\ = \mathfrak{L}_2 i \log\mathrm{nat}\left(\sqrt{1-t_2^2}+t_2 i\right) + \sqrt{1-t_2^2}\left(\mathfrak{L}_{2,1}t_2 + \tfrac{2}{3}\mathfrak{L}_{2,2}t_2^3 + \tfrac{2\cdot 4}{3\cdot 5}\mathfrak{L}_{2,3}t_2^5 + \cdots\right); \\ u = \left(\tfrac{1}{2}+\alpha\right)\omega_2 + \beta\omega_2',\quad -1\leqq\alpha\leqq 1,\quad -\tfrac{1}{2}\leqq\beta\leqq\tfrac{1}{2}. \end{cases}$$

$$(2^*)\qquad \wp u = s, \qquad \Re\sqrt{e_2-s} \geqq 0, \qquad \frac{\sqrt{e_2-s}-\sqrt[4]{e_2-e_3}\sqrt[4]{e_2-e_1}}{\sqrt{e_2-s}+\sqrt[4]{e_2-e_3}\sqrt[4]{e_2-e_1}} = i l_2 t'_2,$$

$$(3^*)\qquad \wp' u = -\sqrt{S}, \quad \Re\sqrt{1-l_2^4 t'^2_2} > 0, \quad \sqrt{1-t'^2_2} = \frac{\sqrt{e_2-e_3}+\sqrt{e_2-e_1}}{2(e_1-e_3)}\,\frac{1+l_2^2 t'^2_2}{\sqrt{1-l_3^4 t'^2_2}}\,\frac{\sqrt{S}}{(e_2-s)},$$

$$(4^*)\qquad \left\{\begin{aligned} &\tfrac{1}{2}\left(\sqrt[4]{e_2-e_3}+\sqrt[4]{e_2-e_1}\right)^2\cdot\left(u-\tfrac{1}{2}\omega'_2\right) = \\ &= \mathfrak{L}_2 i \operatorname{lognat}\left(\sqrt{1-t'^2_2}-t'_2 i\right)-\sqrt{1-t'^2_2}\left(\mathfrak{L}_{2,1}t'_2+\tfrac{2}{3}\mathfrak{L}_{2,2}t'^3_2+\tfrac{2\cdot4}{3\cdot5}\mathfrak{L}_{2,3}t'^5_2+\cdots\right); \\ &u = \alpha\omega_2+\left(\tfrac{1}{2}+\beta\right)\omega'_2, \quad -1 \leqq \alpha \overset{=}{<} 1. \quad -\tfrac{1}{2} \leqq \beta \overset{=}{<} \tfrac{1}{2}. \end{aligned}\right.$$

IV. $\lambda = 2$, $\mu = 3$, $\nu = 1$.

$$(5.)\qquad \begin{aligned} \mathfrak{L}_3 &= 1+\left(\tfrac{1}{2}\right)^2 l_3^4+\left(\tfrac{1\cdot3}{2\cdot4}\right)^2 l_3^8+\left(\tfrac{1\cdot3\cdot5}{2\cdot4\cdot6}\right)^2 l_3^{12}+\cdots, \\ \mathfrak{L}_{3,1} &= \left(\tfrac{1}{2}\right)^2 l_3^4+\left(\tfrac{1\cdot3}{2\cdot4}\right)^2 l_3^8+\left(\tfrac{1\cdot3\cdot5}{2\cdot4\cdot6}\right)^2 l_3^{12}+\cdots, \\ \mathfrak{L}_{3,2} &= \left(\tfrac{1\cdot3}{2\cdot4}\right)^2 l_3^8+\left(\tfrac{1\cdot3\cdot5}{2\cdot4\cdot6}\right)^2 l_3^{12}+\cdots, \\ \mathfrak{L}_{3,3} &= \left(\tfrac{1\cdot3\cdot5}{2\cdot4\cdot6}\right)^2 l_3^{12}+\cdots, \\ &\cdots\cdots\cdots\cdots \end{aligned} \quad\left|\quad \begin{aligned} \tfrac{1}{2}\omega'_2 &= \frac{\mathfrak{L}_3\pi i}{\left(\sqrt[4]{e_1-e_2}+\sqrt[4]{e_3-e_2}\right)^2}, \\ \tfrac{1}{2}\omega_2 &= \frac{2\mathfrak{L}_3\operatorname{lognat}(2l_3^{-1})-2\left(\tfrac{1}{1\cdot2}\mathfrak{L}_{3,1}+\tfrac{1}{3\cdot4}\mathfrak{L}_{3,2}+\cdots\right)}{\left(\sqrt[4]{e_1-e_2}+\sqrt[4]{e_3-e_2}\right)^2}. \end{aligned}\right.$$

$$(6.)\qquad \wp u = s, \qquad \Re\frac{\sqrt[4]{e_3-e_2}\sqrt{s-e_1}}{\sqrt[4]{e_1-e_2}\sqrt{s-e_3}} \geqq 0, \qquad \frac{\sqrt[4]{e_1-e_2}\sqrt{s-e_3}-\sqrt[4]{e_3-e_2}\sqrt{s-e_1}}{\sqrt[4]{e_1-e_2}\sqrt{s-e_3}+\sqrt[4]{e_3-e_2}\sqrt{s-e_1}} = i l_3 t_3,$$

$$(7.)\qquad \wp' u = -\sqrt{S}, \quad \Re\sqrt{1-l_3^4 t_3^2} > 0, \quad \sqrt{1-t_3^2} = \frac{\sqrt{e_1-e_2}+\sqrt{e_3-e_2}}{2i}\,\frac{1+l_3^2 t_3^2}{\sqrt{1-l_3^4 t_3^2}}\,\frac{\sqrt{S}}{(s-e_1)(s-e_3)},$$

$$(8.)\qquad \left\{\begin{aligned} &\tfrac{1}{2}\left(\sqrt[4]{e_1-e_2}+\sqrt[4]{e_3-e_2}\right)^2\cdot\left(u-\tfrac{1}{2}\omega'_2\right) = \\ &= \mathfrak{L}_3 \operatorname{lognat}\left(\sqrt{1-t_3^2}-t_3 i\right)+i\sqrt{1-t_3^2}\left(\mathfrak{L}_{3,1}t_3+\tfrac{2}{3}\mathfrak{L}_{3,2}t_3^3+\tfrac{2\cdot4}{3\cdot5}\mathfrak{L}_{3,3}t_3^5+\cdots\right); \\ &u = \alpha\omega_2+\left(\tfrac{1}{2}+\beta\right)\omega'_2, \quad -\tfrac{1}{2} \leqq \alpha \overset{=}{<} \tfrac{1}{2}, \quad -1 \leqq \beta \overset{=}{<} 1. \end{aligned}\right.$$

$$(6^*)\qquad \wp u = s, \qquad \Re\sqrt{s-e_2} \geqq 0, \qquad \frac{\sqrt{s-e_2}-\sqrt[4]{e_1-e_2}\sqrt[4]{e_3-e_2}}{\sqrt{s-e_2}+\sqrt[4]{e_1-e_2}\sqrt[4]{e_3-e_2}} = i l_3 t'_3,$$

$$(7^*)\qquad \wp' u = -\sqrt{S}, \quad \Re\sqrt{1-l_3^4 t'^2_3} > 0, \quad \sqrt{1-t'^2_3} = \frac{\sqrt{e_1-e_2}+\sqrt{e_3-e_2}}{2i(e_3-e_1)}\,\frac{1+l_3^2 t'^2_3}{\sqrt{1-l_3^4 t'^2_3}}\,\frac{\sqrt{S}}{(s-e_2)},$$

$$(8^*)\qquad \left\{\begin{aligned} &\tfrac{1}{2}\left(\sqrt[4]{e_1-e_2}+\sqrt[4]{e_3-e_2}\right)^2\cdot\left(u-\tfrac{1}{2}\omega_2\right) = \\ &= \mathfrak{L}_3 \operatorname{lognat}\left(\sqrt{1-t'^2_3}-t'_3 i\right)+i\sqrt{1-t'^2_3}\left(\mathfrak{L}_{3,1}t'_3+\tfrac{2}{3}\mathfrak{L}_{3,2}t'^3_3+\tfrac{2\cdot4}{3\cdot5}\mathfrak{L}_{3,3}t'^5_3+\cdots\right); \\ &u = \left(\tfrac{1}{2}+\alpha\right)\omega_2+\beta\omega'_2, \quad -\tfrac{1}{2} \leqq \alpha \overset{=}{<} \tfrac{1}{2}, \quad -1 \leqq \beta \overset{=}{<} 1. \end{aligned}\right.$$

Einige durch elliptische Functionen vermittelte conforme Abbildungen.

51.

Wenn ω_1 einen positiven, ω_3 einen positiv imaginären Werth hat (vergl. die Formeln und Bezeichnungen des Art. 45) und t, t' zwei veränderliche Grössen bezeichnen, welche einschliesslich beider Grenzen alle positiven zwischen 0 und 1 liegenden Werthe annehmen können, so entspricht bei der geometrischen Darstellung der Gesammtheit aller Werthe

$$u = t\omega_1 + t'\omega_3, \qquad (0 \leqq t \lesseqgtr 1, \quad 0 \leqq t' \lesseqgtr 1)$$

die Fläche eines Rechtecks.

Wird die Veränderlichkeit der Grösse u auf die Begrenzung dieses Rechtecks beschränkt, so nimmt die Function $\wp(u|\omega_1, \omega_3) = \wp u$ alle reellen Werthe und zwar jeden derselben nur einmal an.

Für die Werthe des Argumentes u

$$t\omega_1, \ (t = 0 \cdots 1) \ ; \quad \omega_1 + t'\omega_3, \ (t' = 0 \cdots 1) \ ; \quad t\omega_1 + \omega_3, \ (t = 1 \cdots 0) \ ; \quad t'\omega_3, \ (t' = 1 \cdots 0)$$

liegen die Werthe der Function $\wp u$ beziehlich in den Intervallen

$$+\infty \cdots e_1 \quad ; \qquad e_1 \cdots e_2 \qquad ; \qquad e_2 \cdots e_3 \qquad ; \qquad e_3 \cdots -\infty \, ,$$

und zwar sind die zugehörenden Werthe der Ableitung $\wp' u$ beziehlich

negativ ; positiv imaginär ; positiv ; negativ imaginär.

Die Function $\wp u$ nimmt alle complexen Werthe mit negativ oder positiv imaginärem Theile und jeden dieser Werthe einmal an, wenn dem Argumente u alle dem Gebiete

$$u = t\omega_1 + t'\omega_3 \text{ oder } u = t\omega_1 - t'\omega_3 \qquad (0 < t < 1, \quad 0 < t' < 1)$$

angehörenden Werthe beigelegt werden.

Bei der geometrischen Darstellung der Werthe der Function $\wp u$ entsprechen demnach den einblättrigen Flächen der beiden Rechtecke

$$u = t\omega_1 \pm t'\omega_3 \, . \qquad (0 \leqq t \lesseqgtr 1, \quad 0 \leqq t' \lesseqgtr 1)$$

die einblättrigen Flächen von zwei Halbebenen, deren gemeinschaftliche Begrenzung von der Axe des Reellen gebildet wird. Auf die Fläche jeder von diesen beiden Halbebenen wird die Fläche je eines der beiden Rechtecke in der Art zusammenhängend und in den kleinsten Theilen ähnlich abgebildet, dass die Punkte beider Flächen einander gegenseitig in eindeutiger Weise entsprechen.

Den Mittellinien beider Rechtecke $u = t\omega_1 \pm \frac{1}{2}\omega_3$, $u = \frac{1}{2}\omega_1 \pm t'\omega_3$ entsprechen hierbei in der Ebene, deren Punkte die Werthe der complexen Grösse $\wp u$ geometrisch darstellen, vier Halbkreise, welche sich zu zwei Kreisen ergänzen.

Der eine dieser beiden Kreise hat den Mittelpunkt e_1 und den Radius $\sqrt{(e_1-e_3)(e_1-e_2)}$, der andere hat den Mittelpunkt e_3 und den Radius $\sqrt{(e_1-e_3)(e_2-e_3)}$.

Die Punkte

$$\wp(\tfrac{1}{2}\omega_1 \pm \tfrac{1}{2}\omega_3) = e_2 \mp i\sqrt{(e_1-e_2)(e_2-e_3)}$$

sind beiden Kreisen gemeinsam.

Durch die Function

$$-\sqrt{\frac{\sqrt{e_2-e_3}+i\sqrt{e_1-e_2}}{\sqrt{e_2-e_3}-i\sqrt{e_1-e_2}}\cdot\frac{\wp u-e_2+i\sqrt{(e_1-e_2)(e_2-e_3)}}{\wp u-e_2-i\sqrt{(e_1-e_2)(e_2-e_3)}}}$$

wird die conforme Abbildung der einblättrigen Fläche des Rechtecks

$$u = t\omega_1 + t'\omega_3 \qquad (0 \leqq t \lesseqgtr 1,\ 0 \leqq t' \lesseqgtr 1)$$

auf die einblättrige Fläche eines Kreises mit dem Radius 1 vermittelt. Dem Mittelpunkte des Rechtecks entspricht der Mittelpunkt, jeder der beiden Mittellinien des Rechtecks entspricht ein Durchmesser des Kreises. Den Ecken des Rechtecks entsprechen die vier Punkte

$$\frac{\mp\sqrt{e_2-e_3} \mp i\sqrt{e_1-e_2}}{\sqrt{e_1-e_3}}.$$

Wenn dem Argumente u alle dem Gebiete

$$u = \pm t\omega_1 \pm t'\omega_3 \qquad (0 \leqq t \lesseqgtr 1,\ 0 \leqq t' \lesseqgtr 1)$$

angehörenden Werthe beigelegt werden, so ist der absolute Betrag der Function

$$\sqrt[4]{(e_1-e_3)(e_1-e_2)}\,\frac{\sigma u}{\sigma_1 u} \qquad \text{kleiner als } 1,\ \text{gleich } 1,\ \text{grösser als } 1,$$

jenachdem der Werth von t kleiner als $\frac{1}{2}$, gleich $\frac{1}{2}$, grösser als $\frac{1}{2}$ ist. Unter derselben Voraussetzung ist der absolute Betrag der Function

$$\sqrt[4]{(e_1-e_3)(e_2-e_3)}\,\frac{\sigma u}{\sigma_3 u} \qquad \text{kleiner als } 1,\ \text{gleich } 1,\ \text{grösser als } 1,$$

jenachdem der Werth von t' kleiner als $\frac{1}{2}$, gleich $\frac{1}{2}$, grösser als $\frac{1}{2}$ ist.

Von den vier Grössen u, $\frac{\sigma u}{\sigma_1 u}$, $\frac{\sigma u}{\sigma_2 u}$, $\frac{\sigma u}{\sigma_3 u}$ haben innerhalb des Gebietes

$$u = \pm t\omega_1 \pm t'\omega_3 \qquad (0 \leqq t < 1, \quad 0 \leqq t' < 1)$$

die reellen Theile einerseits und die reellen Factoren der imaginären Theile andererseits dasselbe Vorzeichen. Für dieselben Werthe des Argumentes u ist der reelle Theil jedes der sechs Quotienten $\frac{\sigma_\mu u}{\sigma_\nu u}$ $(\mu, \nu = 1, 2, 3)$ von Null verschieden und positiv.

Der imaginäre Theil des Quotienten $\frac{\sigma_\mu u}{\sigma_\nu u}$ hat innerhalb des Gebietes

$$u = t\omega_2 + t'\omega_3 \qquad (0 < t < 1, \quad 0 < t' < 1)$$

positiv oder negativ imaginäre Werthe, jenachdem μ grösser oder kleiner als ν ist.

Wird die Grösse $\frac{u}{2\omega_1}$ mit v, die Grösse $\frac{\omega_3}{\omega_1}$ mit τ bezeichnet, so haben innerhalb des Gebietes

$$u = t\omega_1 \pm t'\omega_3 \qquad (0 < t < 1, \quad 0 \leqq t' < 1)$$

die reellen Theile der Functionen $\vartheta_0(v|\tau)$, $\vartheta_1(v|\tau)$, $\vartheta_2(v|\tau)$, $\vartheta_3(v|\tau)$ positive Werthe.

Innerhalb des Gebietes

$$u = t\omega_1 + t'\omega_3 \qquad (0 < t < 1, \quad 0 < t' < 1)$$

sind die imaginären Theile der Functionen $\vartheta_0(v|\tau)$ und $\vartheta_1(v|\tau)$ positiv imaginär, die imaginären Theile der Functionen $\vartheta_2(v|\tau)$ und $\vartheta_3(v|\tau)$ negativ imaginär.

Innerhalb des Gebietes

$$u = t\omega_1 - t'\omega_3 \qquad (0 < t < 1, \quad 0 < t' < 1)$$

sind die imaginären Theile der Functionen $\vartheta_0(v|\tau)$ und $\vartheta_1(v|\tau)$ negativ imaginär, die imaginären Theile der Functionen $\vartheta_2(v|\tau)$ und $\vartheta_3(v|\tau)$ positiv imaginär.

Beispielsweise ergibt sich hieraus, dass die Function

$$\frac{1}{i} \log\text{nat} \frac{\vartheta_\varrho(\frac{1}{2}t + \frac{1}{2}t'\tau|\tau)}{\vartheta_\varrho(\frac{1}{2}t - \frac{1}{2}t'\tau|\tau)}, \qquad (\varrho = 0, 1, 2, 3)$$

wenn dem natürlichen Logarithmus sein Hauptwerth beigelegt wird, innerhalb des Gebietes $(0 < t < 1, \quad 0 \leqq t' < 1)$ eine reelle stetige Function der beiden Argumente t, t' ist, welche für $t' = 0$ den Werth Null hat.

52.

Wenn $\omega_2 = \omega_3 + \omega_1$ einen reellen positiven, $\omega_2' = \omega_3 - \omega_1$ einen positiv imaginären Werth hat (vergl. die Formeln und Bezeichnungen des Art. 46) und

t, t' zwei veränderliche Grössen bezeichnen, welche einschliesslich beider Grenzen alle positiven zwischen 0 und 1 liegenden Werthe annehmen können, so entspricht bei der geometrischen Darstellung der Gesammtheit aller Werthe

$$u = t\omega_2 + t'\omega_2' \qquad (0 \leqq t \leqq 1, \quad 0 \leqq t' \leqq 1)$$

die Fläche eines Rechtecks. Längs der Begrenzung dieses Rechtecks nimmt die Function $\wp(u|\omega_1, \omega_2) = \wp u$ alle reellen Werthe und zwar in Folge der Gleichung $\wp(\omega_3 + u') = \wp(\omega_3 - u')$ jeden derselben zweimal an.

Für die Werthe des Argumentes u

$$t\omega_2, \ (t = 0 \cdots 1)\ ; \quad \omega_2 + t'\omega_2', \ (t' = 0 \cdots 1)\ ; \quad t\omega_2 + \omega_2', \ (t = 1 \cdots 0)\ ; \quad t'\omega_2', \ (t' = 1 \cdots 0)$$

liegen die Werthe der Function $\wp u$ beziehlich in den Intervallen

$$+\infty \cdots e_2 \quad ; \quad e_2 \cdots -\infty \quad ; \quad +\infty \cdots e_3 \quad ; \quad e_3 \cdots -\infty,$$

und zwar sind die zugehörenden Werthe der Ableitung $\wp' u$ beziehlich

negativ ; positiv imaginär ; positiv ; negativ imaginär.

Die Function $\wp u$ nimmt alle complexen Werthe mit negativ imaginärem Theile und mit Ausnahme des Werthes $\wp\omega_3 = e_3$ jeden dieser Werthe zweimal an, wenn dem Argumente u alle dem Gebiete

$$u = t\omega_2 + t'\omega_2' \qquad (0 < t < 1, \quad 0 < t' < 1)$$

angehörenden Werthe beigelegt werden.

Die Function $\wp u$ nimmt alle complexen Werthe mit positiv imaginärem Theile und mit Ausnahme des Werthes $\wp\omega_1 = e_1$ jeden dieser Werthe zweimal an, wenn dem Argumente u alle dem Gebiete

$$u = t\omega_2 - t'\omega_2' \qquad (0 < t < 1, \quad 0 < t' < 1)$$

angehörenden Werthe beigelegt werden.

Bei der geometrischen Darstellung der Werthe der Function $\wp u$ entspricht der einblättrigen Fläche jedes der beiden Rechtecke

$$u = t\omega_2 \pm t'\omega_2' \qquad (0 \leqq t \leqq 1, \quad 0 \leqq t' \leqq 1)$$

je eine zweiblättrige aus zwei Halbebenen gebildete Fläche. Die Begrenzung jeder von diesen beiden Halbebenen wird in beiden Fällen von der Axe des Reellen gebildet; in dem ersten Falle ist der Punkt e_3, in dem zweiten der Punkt e_1 ein Windungspunkt erster Ordnung im Inneren der betrachteten zweiblättrigen Fläche. Den Mittellinien beider Rechtecke $u = t\omega_2 \pm \frac{1}{2}\omega_2'$, $u = \frac{1}{2}\omega_2 \pm t'\omega_2'$ entsprechen in der Ebene, deren Punkte die Werthe der Function $\wp u$ geometrisch darstellen, vier Bogen desselben Kreises, dessen Mittelpunkt e_2 und dessen Radius gleich $\sqrt{(e_1-e_2)(e_3-e_2)}$ ist. Dieser Kreis enthält die beiden Punkte e_1 und e_3.

Durch die Function $\sqrt[4]{(e_1-e_2)(e_3-e_2)}\,\frac{\sigma u}{\sigma_2 u}$ wird die conforme Abbildung der einblättrigen Fläche des Rechtecks

$$u = \pm t\omega_2 \pm t'\omega_2' \qquad (0 \leqq t \leqq \tfrac{1}{2},\ \ 0 \leqq t' \leqq \tfrac{1}{2})$$

auf die einblättrige Fläche eines Kreises mit dem Radius 1 vermittelt. Dem Mittelpunkte des Rechtecks entspricht der Mittelpunkt, jeder der beiden Mittellinien des Rechtecks entspricht ein Durchmesser des Kreises. Den Ecken des Rechtecks entsprechen die vier Punkte

$$\pm\frac{\sqrt{e_1-e_2}}{\sqrt[4]{(e_1-e_2)(e_3-e_2)}}, \qquad \pm\frac{\sqrt{e_3-e_2}}{\sqrt[4]{(e_1-e_2)(e_3-e_2)}}.$$

Wenn der complexen Grösse u alle dem Gebiete

$$u = \pm t\omega_2 \pm t'\omega_2' \qquad (0 \leqq t \leqq 1,\ \ 0 \leqq t' \leqq 1)$$

angehörenden Werthe beigelegt werden, so ist der absolute Betrag der Function

$$\sqrt[4]{(e_1-e_2)(e_3-e_2)}\,\frac{\sigma u}{\sigma_2 u} \qquad \text{kleiner als } 1, \quad \text{gleich } 1\ , \text{ grösser als } 1,$$

jenachdem das Product $(t-\frac{1}{2})(t'-\frac{1}{2})$ positiv, gleich Null, negativ ist.

Von den beiden Grössen u, $\frac{\sigma u}{\sigma_2 u}$ haben innerhalb des Gebietes

$$u = \pm t\omega_2 \pm t'\omega_2' \qquad (0 \leqq t < 1,\ \ 0 \leqq t' < 1)$$

die reellen Theile einerseits und die reellen Factoren der imaginären Theile andererseits dasselbe Vorzeichen.

Wenn den drei Grössen 0, ω_1, ω_3 bei der geometrischen Darstellung die Ecken eines *spitzwinkligen* Dreiecks entsprechen, so entspricht der Gesammtheit aller Werthe

$$u = \pm t\omega_2 \pm t'\omega_2' \qquad (0 \leqq t \leqq \tfrac{1}{2},\ \ 0 \leqq t+t' \leqq 1)$$

die Fläche eines geradlinig begrenzten convexen Sechsecks mit den Ecken $\pm\omega_1$, $\pm\omega_3$, $\pm\omega_2'$, welches die Eigenschaft hat, durch seine drei Hauptdiagonalen in sechs congruente spitzwinklige Dreiecke getheilt zu werden.

Entsprechen dagegen den drei Grössen 0, ω_1, ω_3 bei der geometrischen Darstellung die Ecken eines *stumpfwinkligen* Dreiecks, so entspricht der Gesammtheit aller Werthe

$$u = \pm t\omega_2 \pm t'\omega_2' \qquad (0 \leqq t+t' \leqq 1,\ \ 0 \leqq t' \leqq \tfrac{1}{2})$$

die Fläche eines geradlinig begrenzten convexen Sechsecks mit den Ecken $\pm\omega_1$, $\pm\omega_2$, $\pm\omega_3$, welches durch seine drei Hauptdiagonalen in sechs congruente spitzwinklige Dreiecke getheilt wird.

Für alle innerhalb des ersten beziehungsweise des zweiten Sechsecks liegende Werthe des Argumentes u hat der reelle Theil jedes der sechs Quotienten $\frac{\sigma_\mu u}{\sigma_\nu u}$ $(\mu, \nu = 1, 2, 3)$ von Null verschiedene und zwar positive Werthe.

Für den Fall, dass $\omega_3 = \omega_1 i$ ist, gilt dieselbe Behauptung für alle innerhalb eines Quadrates

$$u = \pm t\omega_2 \pm t'\omega_2' \qquad (0 \leqq t + t' < 1).$$

liegenden Werthe des Argumentes.

53.

Es möge angenommen werden, dass das primitive Periodenpaar $(2\omega_1, 2\omega_3)$ des Argumentes u einer Function $\wp(u\,|\,\omega_1, \omega_3)$ so gewählt sei, dass den Grössen 0, ω_1, ω_3 bei der geometrischen Darstellung die Ecken eines spitzwinkligen Dreiecks entsprechen. (Vergl. Art. 27.) Dann entspricht der Gesammtheit aller Werthe

$$u = 2t\omega_1 + 2t'\omega_3 \qquad (0 \leqq t \leqq 1,\ \ 0 \leqq t' \leqq 1,\ \ 0 \leqq t + t' \leqq 1)$$

die Fläche eines spitzwinkligen Dreiecks. Die Grössen ω_1, $\omega_1 + \omega_3 = \omega_2$, ω_3 entsprechen den Mitten der Seiten desselben. Werden diese drei Punkte durch drei geradlinige Strecken verbunden, so wird die Fläche des betrachteten Dreiecks in vier congruente spitzwinklige Dreiecke getheilt und es entsteht auf diese Weise das Netz der Oberfläche eines Tetraeders, welches die Eigenschaft besitzt, dass je zwei seiner Gegenkanten gleiche Länge haben. Jedem Punkte der Oberfläche dieses Tetraeders wird ein Werth der Function $\wp(u\,|\,\omega_1, \omega_3)$ zugeordnet und durch Vermittelung dieser Function wird die Oberfläche des Tetraeders auf diejenige unendliche Ebene, deren Punkte die Werthe der Function $\wp u$ geometrisch darstellen, in der Art zusammenhängend und in den kleinsten Theilen ähnlich abgebildet, dass die Punkte beider Flächen einander gegenseitig in eindeutiger Weise entsprechen.

Wenn das erwähnte spitzwinklige Dreieck in ein rechtwinkliges übergeht, so tritt an die Stelle der Oberfläche des betrachteten Tetraeders die doppelt zu denkende Fläche eines ebenen Rechtecks, dessen beide Blätter längs der ganzen

Begrenzung des letzteren, eine Falte bildend, mit einander zusammenhängen. (Vergl. die Abhandlung: Conforme Abbildung der Oberfläche eines Tetraeders auf die Oberfläche einer Kugel. Journal für Mathematik, Bd. 70. S. 121—136. H. A. Schwarz, Gesammelte mathematische Abhandlungen, Bd. 2. S. 84—101.)

Die Fläche des geradlinig begrenzten convexen Sechsecks, dessen Ecken den Werthen $\pm\omega_1$, $\pm\omega_3$, $\pm(\omega_3-\omega_1)$ entsprechen, hat die Eigenschaft, durch die drei Hauptdiagonalen des Sechsecks in sechs congruente spitzwinklige Dreiecke getheilt zu werden.

Für alle Werthe des Argumentes u, welche den innerhalb des erwähnten Sechsecks liegenden Punkten entsprechen, hat der reelle Theil jedes der sechs Quotienten $\frac{\sigma_\mu u}{\sigma_\nu u}$ $(\mu, \nu = 1, 2, 3)$ von Null verschiedene und zwar positive Werthe.

Aus diesem Satze kann die in den Gleichungen (2.) des Art. 28 enthaltene Bestimmung der in den Verwandlungsformeln der σ-Functionen vorkommenden Wurzelgrössen hergeleitet werden.

Das Quadrat des Moduls und die absolute Invariante als Functionen des Periodenverhältnisses.

54.

Die Grösse $k^2 = \frac{e_2-e_3}{e_1-e_3} = \frac{\vartheta_2^4(0\,|\,\tau)}{\vartheta_3^4(0\,|\,\tau)}$ ist, vergl. auch die Formel (6.) des Art. 32, eine eindeutige analytische Function des Verhältnisses $\tau = \frac{\omega_3}{\omega_1}$ der beiden Perioden eines primitiven Periodenpaares $(2\omega_1, 2\omega_3)$.

Diese Function möge mit $\theta(\tau)$ bezeichnet werden.

Man setze $\tau = \alpha+\beta i$, wo α und β zwei reelle veränderliche Grössen bezeichnen. Während die Grösse α alle reellen Werthe annehmen kann, ist die Veränderlichkeit der Grösse β auf positive Werthe beschränkt.

Der Gesammtheit aller Werthe

$$\tau = \alpha+\beta i \qquad (0 \leqq \alpha \mathrel{\substack{=\\<}} 1,\ \beta \geqq \sqrt{\alpha(1-\alpha)})$$

entspricht bei der geometrischen Darstellung der complexen Grösse τ die Fläche eines von zwei geraden Linien und einem Halbkreise begrenzten **Kreisbogendreiecks** T, dessen drei Winkel einzeln gleich Null sind. Eine Ecke dieses

Kreisbogendreiecks entspricht dem Werthe $\beta = +\infty$, die beiden anderen entsprechen den Werthen $\tau = 0$ und $\tau = 1$. Wenn die Veränderlichkeit der Grösse τ auf das Gebiet T beschränkt wird, so ist das geradlinige Dreieck, dessen Ecken den Werthen 0, 1, τ entsprechen, ein spitzwinkliges. Dieses Dreieck geht in ein rechtwinkliges über, wenn τ einen der Werthe

$$1+\beta i \quad (\beta > 0) \qquad \beta i \quad (\beta > 0) \qquad \alpha + i\sqrt{\alpha(1-\alpha)} \quad (0 < \alpha < 1)$$

annimmt, welche den der Begrenzung des Bereiches T angehörenden Punkten entsprechen.

Längs der Begrenzung des Bereiches T nimmt die Function $\theta(\tau) = k^2$ alle reellen Werthe und zwar jeden derselben nur einmal an.

Für die Werthe der Grösse τ

$$1+\beta i \quad (\beta = 0 \cdots +\infty) \qquad \beta i \quad (\beta = +\infty \cdots 0) \qquad \alpha + i\sqrt{\alpha(1-\alpha)} \quad (\alpha = 0 \cdots 1)$$

liegen die Werthe der Function $\theta(\tau) = k^2$ beziehlich in den Intervallen

$$-\infty \cdots 0 \qquad 0 \cdots 1 \qquad 1 \cdots +\infty.$$

Im Inneren des Bereiches T nimmt die Function $\theta(\tau)$ alle complexen Werthe mit positiv imaginärem Theile und zwar jeden derselben nur einmal an.

Der einblättrigen Fläche des Kreisbogendreiecks T entspricht daher bei der geometrischen Darstellung der Werthe der complexen Grösse $\theta(\tau) = k^2$ die einblättrige Fläche der auf der positiven Seite der Axe des Reellen liegenden Halbebene, in der Art, dass die Punkte beider Flächen einander gegenseitig in eindeutiger Weise zugeordnet werden.

Die Function $\theta(\tau)$ nimmt alle complexen Werthe mit negativ imaginärem Theile und jeden derselben einmal an, wenn der Grösse τ alle dem Gebiete

$$\tau = \alpha + \beta i \qquad (-1 \leqq \alpha \leqq 0, \quad \beta \geqq \sqrt{-\alpha(1+\alpha)})$$

angehörenden Werthe beigelegt werden. Diesen Werthen entspricht bei der geometrischen Darstellung der Werthe der complexen Grösse τ die Fläche eines zweiten Kreisbogendreiecks, welche mit T_1 bezeichnet werden möge. Je zwei in Bezug auf die Gerade $\alpha = 0$ symmetrisch liegenden Punkten der beiden Bereiche T und T_1 entsprechen conjugirte complexe Werthe der Grösse $\theta(\tau) = k^2$.

Durch symmetrische Wiederholung in Bezug auf seine drei Seiten*, entstehen aus dem Kreisbogendreieck T ausser dem Kreisbogendreieck T_1 noch zwei andere; durch entsprechende symmetrische Wiederholung der entstandenen Dreiecke und durch Fortsetzung dieses Verfahrens ergeben sich unendlich viele Kreisbogendreiecke, deren Flächen die ganze Halbebene $\beta > 0$ lückenlos und einfach ausfüllen.

Jedem derjenigen Kreisbogendreiecke, welche aus dem Bereiche T durch eine endliche Anzahl symmetrischer Wiederholungen hergeleitet werden, entspricht bei der durch die Function $\theta(\tau) = k^2$ vermittelten conformen Abbildung die auf der positiven oder die auf der negativen Seite der Axe des Reellen liegende Halbebene, jenachdem die Anzahl der erwähnten symmetrischen Wiederholungen eine grade oder ungrade ist.

Die beiden Transformationen der Grösse τ

$$\tau \,\|\, 2+\tau, \qquad \tau \,\|\, \frac{\tau}{1+2\tau}$$

sowie alle Transformationen der Grösse τ, welche aus diesen beiden durch Zusammensetzung erhalten werden, lassen die Function $\theta(\tau) = k^2$ unverändert.

Es ergibt sich auf diese Weise eine Transformation $\tau \,\|\, \frac{p'+q'\tau}{p+q\tau}$, in welcher p, q, p', q' vier beliebige, nur den Bedingungen $pq'-qp' = 1$, $p \equiv 1$, $q \equiv 0$, $p' \equiv 0$, $q' \equiv 1$ (mod. 2) unterworfene ganze Zahlen bezeichnen.

Aus dem Umstande, dass die Fläche des Kreisbogendreiecks T und die Flächen der aus demselben auf die angegebene Weise entstehenden Kreisbogendreiecke die Halbebene $\beta > 0$ lückenlos und einfach ausfüllen, während die Function $\theta(\tau)$ jeden der Werthe, welche sie innerhalb des Gebietes T annimmt, innerhalb desselben nur an einer einzigen Stelle annimmt, ergibt sich, dass, falls k^2 einen von 0, 1 und ∞ verschiedenen Werth hat, und τ_0 eine Wurzel der Gleichung $\theta(\tau) = k^2$ bezeichnet, alle anderen Wurzeln dieser Gleichung durch die Formel $\tau = \frac{p'+q'\tau_0}{p+q\tau_0}$ gegeben werden, in welcher p, q, p', q' vier ganze Zahlen von der angegebenen Beschaffenheit bezeichnen.

Es besteht überhaupt der Satz: Jenachdem die vier ganzen Zahlen

*) Unter der symmetrischen Wiederholung einer Figur in Bezug auf eine Kreislinie versteht man diejenige Figur, welche aus der betrachteten durch Verwandlung mittelst reciproker Radien hervorgeht, falls der Mittelpunkt jener Kreislinie zum Transformationsmittelpunkt und das Quadrat des Radius dieser Kreislinie zur Transformationspotenz gewählt wird.

p, q, p', q' ausser der Bedingung $pq' - qp' = 1$ mit Bezug auf die Tabelle (5.) des Art. 33 den Bedingungen des Falles

I.	II.	III.	IV.	V,	VI

genügen, ist der Werth von $\theta\left(\frac{p'+q'\tau}{p+q\tau}\right)$ gleich

$$\theta(\tau), \quad \frac{\theta(\tau)}{\theta(\tau)-1}, \quad \frac{1}{\theta(\tau)}, \quad \frac{1}{1-\theta(\tau)}, \quad \frac{\theta(\tau)-1}{\theta(\tau)}, \quad 1-\theta(\tau).$$

Jede dieser Grössen ist gleich einem der sechs Werthe des durch die vier Grössen ∞, e_1, e_2, e_3 bei beliebiger Anordnung derselben bestimmten Doppelverhältnisses.

55.

Durch die Transformation $\tau \| -\frac{1}{\tau}$ geht das Gebiet T in das Gebiet T_1 über, indem den Ecken $+\infty i, 0, 1$ des Gebietes T beziehlich die Ecken $0, +\infty i, 1$ des Gebietes T_1 zugeordnet werden; der Werth $\tau = i$ entspricht bei dieser Transformation sich selbst.

Bei den Transformationen $\tau \| \frac{1}{1-\tau}$ und $\tau \| \frac{\tau-1}{\tau}$ entspricht das Gebiet T sich selbst, indem den Ecken $+\infty i, 0, 1$ desselben die Ecken $0, 1, +\infty i$, beziehungsweise $1, +\infty i, 0$ zugeordnet werden. Bei diesen beiden Transformationen bleibt der Werth $\tau = \frac{1}{2}(1+\sqrt{3}i)$ ungeändert.

Das Gebiet T wird durch die Gerade $\alpha = \frac{1}{2}$ und durch die beiden mit dem Radius 1 um die Punkte $\tau = 0$ und $\tau = 1$ als Mittelpunkte beschriebenen Kreislinien in sechs Kreisbogendreiecke mit den Winkeln $0, \frac{1}{2}\pi, \frac{1}{3}\pi$ getheilt. Dieser Theilung des Gebietes T entspricht bei der durch die Function $\theta(\tau) = k^2$ vermittelten conformen Abbildung desselben auf eine Halbebene eine Theilung der letzteren in sechs Kreisbogendreiecke mit den Winkeln $\frac{1}{2}\pi, \frac{1}{2}\pi, \frac{1}{3}\pi$. Die im Inneren der Halbebene liegenden Begrenzungslinien dieser Dreiecke werden gebildet von der durch den Punkt $k^2 = \frac{1}{2}$ hindurchgehenden, auf der Begrenzung der Halbebene senkrechten Geraden und von den beiden um die Punkte $k^2 = 0$ und $k^2 = 1$ als Mittelpunkte mit dem Radius 1 beschriebenen Kreisen.

Wird das Gebiet T_1 und die demselben entsprechende auf der negativen Seite der Axe des Reellen liegende Halbebene in entsprechender Weise getheilt, so ergibt sich eine Theilung der Ebene, deren Punkte die Werthe der complexen Grösse k^2 geometrisch darstellen, in zwölf Kreisbogendreiecke.

Wenn g_2 und g_3 die im Art. 5 (3.) erklärte Bedeutung haben, so bestehen die Gleichungen

$$\frac{4(1-k^2+k^4)^3}{27[k^2(1-k^2)]^2} = \frac{g_2^3}{g_2^3-27g_3^2}, \qquad \frac{[(1+k^2)(2-k^2)(1-2k^2)]^2}{27[k^2(1-k^2)]^2} = \frac{27g_3^2}{g_2^3-27g_3^2}.$$

Die Grösse $\frac{g_2^3}{g_2^3-27g_3^2}$, eine zu dem primitiven Periodenpaare $(2\omega_1, 2\omega_3)$ gehörende absolute Invariante, ist eine eindeutige analytische Function des Periodenverhältnisses τ, welche mit $j(\tau)$ bezeichnet werden möge.

Durch die Function $\frac{4(1-k^2+k^4)^3}{27[k^2(1-k^2)]^2} = j(\tau)$ wird eine conforme Abbildung der Fläche jedes der erwähnten zwölf Kreisbogendreiecke auf die Fläche einer Halbebene vermittelt, welche so beschaffen ist, dass die Punkte beider Flächen einander gegenseitig in eindeutiger Weise zugeordnet werden.

Ueberhaupt gilt folgender Satz:

Längs der Begrenzung des Gebietes

$$\tau = \alpha+\beta i \qquad (0 \leqq \alpha \leqq \tfrac{1}{2},\ \beta \geqq \sqrt{1-\alpha^2})$$

nimmt die absolute Invariante $\frac{g_2^3}{g_2^3-27g_3^2} = j(\tau)$ alle reellen Werthe und jeden derselben nur einmal an; für die Werthe des Periodenverhältnisses τ

$$\beta i \quad (\beta = +\infty \cdots 1) \quad : \quad \alpha+i\sqrt{1-\alpha^2} \quad (\alpha = 0 \cdots \tfrac{1}{2}) \quad : \quad \tfrac{1}{2}+\beta i \quad (\beta = \tfrac{1}{2}\sqrt{3} \cdots +\infty)$$

liegen die Werthe von $j(\tau)$ beziehlich in den Intervallen

$$+\infty \cdots 1 \qquad ; \qquad 1 \cdots 0 \qquad ; \qquad 0 \cdots -\infty .$$

Die absolute Invariante $j(\tau)$ nimmt alle complexen Werthe mit negativ oder positiv imaginärem Theile und jeden derselben nur einmal an, wenn dem Periodenverhältnisse τ alle dem Gebiete

$$\tau = \alpha+\beta i, \qquad \tau = -\alpha+\beta i \qquad (0 < \alpha < \tfrac{1}{2},\ \beta > \sqrt{1-\alpha^2})$$

angehörenden Werthe beigelegt werden.

Alle Wurzeln der Gleichung $j(\tau) = j(\tau_0)$ sind gegeben durch die Gleichung

$$\tau = \frac{p'+q'\tau_0}{p+q\tau_0},$$

in welcher den Grössen p, q, p', q' alle Systeme von ganzen Zahlen beizulegen sind, welche der Bedingung $pq' - qp' = 1$ genügen.

Es folgen hier einige auf die in den Art. 51 und 55 enthaltenen Untersuchungen sich beziehende Literaturangaben.

Dedekind, Ueber die Theorie der elliptischen Modulfunctionen, Journal für Mathematik, Band 83, Seite 265 ff. 1877.

F. Klein, Ueber die Transformation der elliptischen Functionen, Mathematische Annalen, Band 14, Seite 111 ff. 1878.

Weierstrass, Zur Theorie der elliptischen Functionen, Sitzungsberichte der Königlich Preussischen Akademie der Wissenschaften zu Berlin, Jahrgang 1883, Seite 1271 ff.

Normalform der elliptischen Integrale erster, zweiter, dritter Art.

56.

Die zu einer elliptischen Function $\varphi(u)$ gehörende Integralfunction $\int\varphi(u)du$ besteht, wie die im Art. 17 angegebene Formel zeigt, im Allgemeinen aus vier verschiedenartigen Bestandtheilen:

1. einem Gliede von der Form $C_0 \cdot u$,
2. einem Aggregate von Gliedern von der Form $-\Sigma_\mu C'_\mu \frac{\sigma'}{\sigma}(u - r_\mu)$, welches sich nach Art. 11 (5.) durch ein Glied von der Form $-(\Sigma_\mu C'_\mu) \cdot \frac{\sigma'}{\sigma}(u)$ und eine elliptische Function des Argumentes u ersetzen lässt,
3. einem Aggregate von Gliedern von der Form $\Sigma_\mu C_\mu \log \sigma(u - v_\mu)$, welches sich in Folge der Gleichung $\Sigma_\mu C_\mu = 0$ (Art. 16 (2.)) unter Hinzunahme einer additiven Constante auf die Form $\Sigma^*_\mu C_\mu \log \frac{\sigma(r_\mu - u)}{\sigma u \, \sigma r_\mu}$ bringen lässt, wobei die Summation Σ^*_μ über alle diejenigen Werthe des Index μ zu erstrecken ist, für welche die Grösse r_μ der Null nicht congruent ist,
4. einer elliptischen Function des Argumentes u, welche zu demselben Periodenpaare $(2\omega, 2\omega')$ gehört, wie die Function $\varphi(u)$.

Hiernach ergibt sich, wenn $\varphi_1(u)$ eine zu dem Periodenpaare $(2\omega, 2\omega')$ gehörende elliptische Function des Argumentes u bezeichnet, aus der Formel des Art. 17 die folgende:

$$(1.) \qquad \int\varphi(u)du = C_0 \cdot u - (\Sigma_\mu C'_\mu) \frac{\sigma'}{\sigma}(u) + \Sigma^*_\mu C_\mu \log \frac{\sigma(r_\mu - u)}{\sigma u \, \sigma r_\mu} + \varphi_1(u).$$

Entsprechend der in den Art. 48—50 gebrauchten Bezeichnungsweise möge mit s der Werth der zu der elliptischen Function $\varphi(u)$ gehörenden Function $\wp u$, mit $\sqrt{S}$ einer der beiden Werthe der Quadratwurzel aus der Grösse $S = 4s^3 - g_2 s - g_3$ bezeichnet werden.

Die Gesammtheit der Werthe, welche die als Function des Argumentes s betrachtete Grösse u für einen beliebigen Werth s_0 der Grösse s unter der Bedingung annehmen kann, dass, wenn $\sqrt{S_0}$ einen bestimmten der beiden Werthe der Quadratwurzel aus der Grösse $S_0 = 4s_0^3 - g_2 s_0 - g_3$ bezeichnet, für jeden dieser Werthe die Gleichung $\wp' u = -\sqrt{S_0}$ erfüllt ist, stimmt überein mit der Gesammtheit aller derjenigen Werthe, welche das elliptische Integral erster Art $\int_{(s_0, \sqrt{S_0})}^{\infty} \frac{ds}{\sqrt{S}}$ unter der Voraussetzung annimmt, dass die Integration von dem Werthepaare $s = s_0$, $\sqrt{S} = \sqrt{S_0}$ ausgehend längs irgend eines Weges bis zum Werthe $s = \infty$ erstreckt wird.

Bezeichnet u_0 irgend einen beliebigen dieser Werthe, so sind alle übrigen in der Formel $u = u_0 + 2\mu\omega + 2\mu'\omega'$ enthalten, in welcher den Coefficienten μ, μ' alle ganzzahligen positiven und negativen Werthe einschliesslich des Werthes Null beizulegen sind.

Die Perioden 2ω, $2\omega'$ des Argumentes der elliptischen Function $\varphi(u)$ und der zu dieser Function gehörenden Function $\wp u$ heissen daher auch Perioden des elliptischen Integrals erster Art $u = \int_{(s, \sqrt{S})}^{\infty} \frac{ds}{\sqrt{S}}$.

Wenn der Werth dieses elliptischen Integrals erster Art mit $J(s, \sqrt{S})$ bezeichnet wird, so ist die Gleichung

$$(2.)\qquad u = J(s, \sqrt{S}) = \int_{(s, \sqrt{S})}^{\infty} \frac{ds}{\sqrt{S}}$$

mit dem gleichzeitigen Bestehen der beiden Gleichungen

$$(3.)\qquad s = \wp u, \qquad \sqrt{S} = -\wp' u$$

vollständig gleichbedeutend.

Als Normalform eines elliptischen Integrals zweiter Art kann die Function $\frac{\sigma'}{\sigma}(u)$ erklärt werden, vorausgesetzt, dass der Werth auch dieser

Grösse als Function des Argumentes s betrachtet wird. Es besteht nämlich die Gleichung

$$(4.)\qquad \frac{\sigma'}{\sigma}(u) = \int^{(s,\sqrt{S})} \frac{s\,ds}{\sqrt{S}},$$

wenn die Integrationsconstante in der auf der rechten Seite dieser Gleichung stehenden Integralfunction durch die Festsetzung bestimmt wird, dass die für hinlänglich grosse Werthe des absoluten Betrages der Grösse s geltende Entwickelung eines Zweiges dieser Integralfunction die Gestalt

$$(5.)\qquad \int^{(s,\sqrt{S})} \frac{s\,ds}{\sqrt{S}} = \sqrt{s}\left[1 + \cdot - \frac{g_2}{24}\cdot\frac{1}{s^2} - \frac{g_3}{40}\cdot\frac{1}{s^3} + \cdots\right]$$

annimmt, wobei

$$\sqrt{S} = 2\sqrt{s}\left[s + \cdot - \frac{g_2}{8}\cdot\frac{1}{s} - \frac{g_3}{8}\cdot\frac{1}{s^2} + \cdots\right]$$

zu setzen ist.

Wird der Werth dieser Integralfunction mit $J'(s,\sqrt{S})$ bezeichnet, so ergibt, wenn u irgend einen die Gleichungen (3.) dieses Art. befriedigenden Werth bezeichnet, der Werth der Function $\frac{\sigma'}{\sigma}(u)$ einen Werth des elliptischen Integrals zweiter Art

$$J'(s,\sqrt{S}) = \int^{(s,\sqrt{S})} \frac{s\,ds}{\sqrt{S}}.$$

Bei Vermehrung des Argumentes u um 2ω, beziehungsweise um $2\omega'$, ändert sich der Werth der Function $\frac{\sigma'}{\sigma}(u)$ um die Grösse 2η, beziehungsweise um die Grösse $2\eta'$. Dieselben zusammengehörenden Aenderungen der Werthe der Grössen u, $\frac{\sigma'}{\sigma}(u)$ können durch entsprechende gleichzeitige Aenderungen der Integrationswege für die Integrale

$$\int_{(s,\sqrt{S})}^{\infty} \frac{ds}{\sqrt{S}}, \qquad \int^{(s,\sqrt{S})} \frac{s\,ds}{\sqrt{S}}$$

herbeigeführt werden.

Die Grössen 2η, $2\eta'$ heissen daher auch die den Perioden 2ω, $2\omega'$ des elliptischen Integrals erster Art

$$J(s,\sqrt{S}) = \int_{(s,\sqrt{S})}^{\infty} \frac{ds}{\sqrt{S}}$$

entsprechenden Perioden des elliptischen Integrals zweiter Art

$$J'(s,\sqrt{S}) = \int^{(s,\sqrt{S})} \frac{s\,ds}{\sqrt{S}}.$$

Als Normalform eines elliptischen Integrals dritter Art kann die aus der Function $\frac{1}{2}\frac{\wp'u+\wp'v}{\wp u-\wp v}$ durch Integration in Bezug auf die Grösse u hervorgehende Integralfunction

$$(6.)\qquad \int \frac{1}{2}\frac{\wp'u+\wp'v}{\wp u-\wp v}\,du = \log\frac{\sigma(v-u)}{\sigma u\,\sigma v} + \frac{\sigma'}{\sigma}(v)\cdot u + C \qquad \text{vergl. Art. 11 (5.)}$$

erklärt werden.

Die von dem Argumente u unabhängige veränderliche Grösse v, welche Parameter des betrachteten elliptischen Integrals dritter Art genannt werden kann, darf weder den Werth Null, noch einen dem Werthe Null congruenten Werth annehmen.

Wenn der in dem Ausdrucke für das betrachtete elliptische Integral dritter Art auftretenden Integrationsconstante C der Werth Null beigelegt wird, so erhält das constante Glied in der für die Umgebung des Werthes $u = 0$ geltenden, nach Potenzen der Grösse u fortschreitenden Entwickelung mit dem Anfangsgliede $-\log u$

$$(7.)\qquad \int \frac{1}{2}\frac{\wp'u+\wp'v}{\wp u-\wp v}\,du = -\log u + C - \tfrac{1}{2}\wp v\cdot u^2 + \tfrac{1}{6}\wp'v\cdot u^3 + \cdots$$

ebenfalls den Werth Null. Unter dieser Voraussetzung ergibt sich, wenn die Grössen s, $\sqrt{S}$ die durch die Gleichungen (3.) dieses Art. festgestellte Bedeutung haben und die Grössen s_0, $\sqrt{S_0}$ durch die Gleichungen $s_0 = \wp v$, $\sqrt{S_0} = -\wp' v$ bestimmt werden, als Normalform eines elliptischen Integrals dritter Art der Ausdruck

$$(8.)\qquad \log\frac{\sigma(v-u)}{\sigma u\,\sigma v} + \frac{\sigma'}{\sigma}(v)\cdot u = \int^{(s,\sqrt{S})} \frac{1}{2}\frac{\sqrt{S}+\sqrt{S_0}}{s-s_0}\frac{ds}{\sqrt{S}},$$

dessen Werth mit $J(s,\sqrt{S};s_0,\sqrt{S_0})$ bezeichnet werden möge.

Durch Vertauschung der beiden Grössen u und v ergibt sich

$$\log\frac{\sigma(u-v)}{\sigma u\,\sigma v} + \frac{\sigma'}{\sigma}(u)\cdot v = J(s_0,\sqrt{S_0};s,\sqrt{S}).$$

es besteht daher die Gleichung

$$(9.)\qquad J(s,\sqrt{S};s_0,\sqrt{S_0})-J(s_0,\sqrt{S_0};s,\sqrt{S}) = u\,\frac{\sigma'}{\sigma}(v)-v\,\frac{\sigma'}{\sigma}(u)+(2n_0+1)\pi i,$$

in welcher n_0 eine ganze Zahl bedeutet.

Diesem Satze entspricht in der Legendre-Jacobischen Theorie der elliptischen Integrale der Lehrsatz über die Vertauschung von Parameter und Argument bei elliptischen Integralen dritter Art.

Bei Vermehrung des Argumentes u um 2ω, beziehungsweise um $2\omega'$, ändert sich der Werth des betrachteten elliptischen Integrals dritter Art beziehungsweise um

$$(10.)\qquad -2\eta_1 v+2\omega\,\frac{\sigma'}{\sigma}(v)+2n\pi i,\qquad -2\eta_1' v+2\omega'\,\frac{\sigma'}{\sigma}(v)+2n'\pi i,$$

wobei n, n' zwei ganze Zahlen bedeuten, deren Bestimmung eine besondere Erörterung erfordert. Diese Grössen sind daher Perioden des elliptischen Integrals dritter Art

$$(11.)\qquad \int^u \frac{1}{2}\,\frac{\wp' u+\wp' v}{\wp u-\wp v}\,du = \log\frac{\sigma(v-u)}{\sigma u\,\sigma v}+u\,\frac{\sigma'}{\sigma}(v) = \int^{(s,\sqrt{S})} \frac{1}{2}\,\frac{\sqrt{S}+\sqrt{S_0}}{s-s_0}\,\frac{ds}{\sqrt{S}} = J(s,\sqrt{S};s_0,\sqrt{S_0}).$$

Aus dem Vorstehenden ergibt sich, dass die zu einer elliptischen Function $\varphi(u)$ gehörende Integralfunction $\int\varphi(u)\,du$ darstellbar ist durch ein Aggregat bestehend aus

1. einem elliptischen Integrale erster Art,
2. einem elliptischen Integrale zweiter Art,
3. einer endlichen Anzahl von elliptischen Integralen dritter Art,
4. einer rationalen Function der Grössen $s=\wp u$ und $\sqrt{S}=-\wp' u$.

Additionstheoreme der elliptischen Integrale.

57.

Wenn

$$u_1+u_2=u_3,$$

$$x_0=\wp u_0,\qquad x_1=\wp u_1,\qquad x_2=\wp u_2,\qquad x_3=\wp u_3,$$

$$y_0=-\wp' u_0,\qquad y_1=-\wp' u_1,\qquad y_2=-\wp' u_2,\qquad y_3=-\wp' u_3,$$

gesetzt wird und die Integralfunctionen $J(x,y)$, $J'(x,y)$, $J(x,y;x_0,y_0)$ die im vorhergehenden Art. erklärte Bedeutung haben, so bestehen folgende Gleichungen:

(1.) $$J(x_1, y_1) + J(x_2, y_2) = J(x_3, y_3).$$

(2.) $$J'(x_1, y_1) + J'(x_2, y_2) = J'(x_3, y_3) + \frac{1}{2}\,\frac{y_1 - y_2}{x_1 - x_2}.$$

(3.) $$J(x_1, y_1; x_0, y_0) + J(x_2, y_2; x_0, y_0) = J(x_3, y_3; x_0, y_0) - \log\left[\frac{1}{2}\cdot\frac{1}{x_1 - x_2}\left(\frac{y_1+y_0}{x_1-x_0} - \frac{y_2+y_0}{x_2-x_0}\right)\right].$$

Diese Gleichungen gelten in dem Sinne, dass, wenn den auf der linken Seite einer dieser Gleichungen stehenden Integralfunctionen irgend welche der unendlich vielen Werthe beigelegt werden, die dieselben annehmen können, die Summe einem der unendlich vielen Werthe gleich ist, welche die auf der rechten Seite derselben Gleichung stehende Function annehmen kann.

Bestimmung der Perioden der aus elliptischen Functionen entspringenden Integralfunctionen.

58.

Unter einer Periode der aus einer beliebigen elliptischen Function $\varphi(u)$ entspringenden Integralfunction $\int \varphi(u)\,du$ ist jeder Werth zu verstehen, welchen das bestimmte Integral

$$\int_{u_0}^{u_0+2\bar{\omega}} \varphi(u)\,du$$

unter der Bedingung annehmen kann, dass die Function $\varphi(u)$ für keinen Punkt des – im Uebrigen beliebig, aber von endlicher Länge zu wählenden – Integrationsweges unendlich gross wird. Die Grösse $2\bar{\omega}$ bezeichnet hierbei eine beliebige Periode des Argumentes der Function $\varphi(u)$, einschliesslich des Werthes Null.

Wenn die Grösse $2\bar{\omega}$ den Werth Null hat, so ist der Integrationsweg ein **geschlossener**. Es bezeichne k_μ die Summe der Zahlen, welche die **Anzahl und den Sinn der Windungen** dieses geschlossenen Integrationsweges um die Punkte

$$v_\mu + 2m\omega + 2m'\omega' \qquad (m, m' = 0, \pm 1, \pm 2, \cdots \pm \infty)$$

angeben, und von denen stets nur eine endliche Anzahl von Null verschieden ist. Dann ist das längs des betrachteten Integrationsweges zu erstreckende Integral

$$\int_{u_0}^{u_0} \frac{\sigma'}{\sigma}(u - v_\mu)\,du = 2k_\mu \pi i.$$

mithin hat das längs desselben Weges zu erstreckende Integral $\int_{u_0}^{u_0} \varphi(u)\,du$, wenn die Function $\varphi(u)$ auf die im Art. 16 (3.) gegebene Gestalt gebracht wird, den Werth

$$\Sigma_\mu 2 k_\mu C_\mu \pi i. \qquad (\mu = 1, 2, 3, \cdots m).$$

Der Werth des Integrales $\int_{u_0}^{u_0} \varphi(u)\,du$ ist also stets bestimmbar, wenn der Integrationsweg insoweit gegeben ist, dass für die in Betracht kommenden Werthe r_μ die mit k_μ bezeichneten ganzen Zahlen ermittelt werden können.

Ist $2\tilde{\omega}$ von Null verschieden, so möge in der Nähe des Werthes u_0 ein Werth u_1 so angenommen werden, dass für keinen der geraden Strecke $(u_1 \cdots u_1 + 2\omega)$ und für keinen der geraden Strecke $(u_1 \cdots u_1 + 2\omega')$ angehörenden Werth des Argumentes u die Function $\varphi(u)$ unendlich gross wird. Der vorgeschriebene vom Werthe u_0 zum Werthe $u_0 + 2\tilde{\omega} = u_0 + 2m\omega + 2m'\omega'$ führende Integrationsweg werde mit L, ein beliebiger, vom Werthe u_0 zum Werthe u_1 führender, keine Unendlichkeitsstelle des Argumentes der Function $\varphi(u)$ enthaltender Weg werde mit L' bezeichnet; L'' bezeichne den Weg, welcher, während die Variable u den Weg L' beschreibt, von der Variablen $u + 2\tilde{\omega}$ beschrieben wird.

Wenn die Variable u nach einander folgende Integrationswege beschreibt,

erstens, den vorgeschriebenen vom Werthe u_0 zum Werthe $u_0 + 2\tilde{\omega}$ führenden Weg L,

zweitens, den vom Werthe $u_0 + 2\tilde{\omega}$ zum Werthe $u_1 + 2\tilde{\omega}$ führenden Weg L'',

drittens, den vom Werthe $u_1 + 2\tilde{\omega} = u_1 + 2m\omega + 2m'\omega'$ zum Werthe $u_1 + 2m\omega$ führenden geradlinigen Weg*),

viertens, den vom Werthe $u_1 + 2m\omega$ zum Werthe u_1 führenden geradlinigen Weg,

fünftens, den vom Werthe u_1 zum Werthe u_0 führenden Weg L',

so ist der aus den fünf angegebenen Theilen bestehende Integrationsweg, welcher, im angegebenen Sinne durchlaufen, mit $\mathfrak{L}$ bezeichnet werden möge,

---

*) Vergl. die Anmerkung auf Seite 32.

ein **geschlossener**; es besteht daher, wenn die im Vorhergehenden mit k_μ bezeichneten ganzen Zahlen sich auf den Integrationsweg $\bar{L}$ beziehen, die Gleichung

$$\underset{(\bar{L})}{\int_{u_0}^{u_0}}\varphi(u)\,du = \underset{(L)}{\int_{u_0}^{u_0+2\bar{\omega}}}\varphi(u)\,du + \underset{(L'')}{\int_{u_0+2\bar{\omega}}^{u_1+2\bar{\omega}}}\varphi(u)\,du - {}'\!\!\int_{u_1+2\mathrm{m}\omega}^{u_1+2\bar{\omega}}\varphi(u)\,du - {}'\!\!\int_{u_1}^{u_1+2\mathrm{m}\omega}\varphi(u)\,du - \underset{(L')}{\int_{u_0}^{u_1}}\varphi(u)\,du =$$

$$= \Sigma_\mu 2k_\mu C_\mu \pi i, \qquad (\mu = 1, 2, \cdots m).$$

Es ergibt sich also die Gleichung

$$(1.)\qquad \underset{(L)}{\int_{u_0}^{u_0+2\bar{\omega}}}\varphi(u)\,du = \mathrm{m}\,{}'\!\!\int_{u_1}^{u_1+2\omega}\varphi(u)\,du + \mathrm{m}'\,{}'\!\!\int_{u_1}^{u_1+2\omega'}\varphi(u)\,du + \Sigma_\mu 2k_\mu C_\mu \pi i.$$

Unter den Grössen C_μ besteht die Relation $\Sigma_\mu C_\mu = 0$; es können zwischen denselben Grössen noch andere Relationen von der Form $\Sigma_\mu \gamma_\mu C_\mu = 0$ bestehen, in denen die Coefficienten γ_μ ganze Zahlen sind. Es ist stets möglich, aus den Grössen $C_1, C_2, \cdots C_m$ andere Grössen $\mathfrak{C}_1, \mathfrak{C}_2, \cdots \mathfrak{C}_\varrho$ durch Addition und Subtraction in der Weise zusammenzusetzen, dass auch umgekehrt jede der Grössen $C_1, C_2, \cdots C_m$ durch Addition und Subtraction aus den Grössen $\mathfrak{C}_1, \cdots \mathfrak{C}_\varrho$ zusammengesetzt werden kann, während unter den letzteren Grössen keine homogene lineare Gleichung mit ganzzahligen Coefficienten besteht.

Es geht in diesem Falle der Ausdruck

$$\Sigma_\mu 2k_\mu C_\mu \pi i \qquad (\mu = 1, 2, \cdots m)$$

in einen Ausdruck von der Form

$$\Sigma_\nu 2\mathrm{m}_\nu \mathfrak{C}_\nu \pi i \qquad (\nu = 1, 2, \cdots \varrho)$$

über, wo die Coefficienten m_ν ganze Zahlen sind.

Wird nun

$$(2.)\qquad {}'\!\!\int_{u_1}^{u_1+2\omega}\varphi(u)\,du = \Omega, \qquad {}'\!\!\int_{u_1}^{u_1+2\omega'}\varphi(u)\,du = \Omega', \qquad 2\mathfrak{C}_\nu \pi i = \Omega_\nu, \qquad (\nu = 1, 2, \cdots \varrho)$$

gesetzt, so ergibt sich

$$(3.)\qquad \underset{(L)}{\int_{u_0}^{u_0+2\bar{\omega}}}\varphi(u)\,du = \mathrm{m}\Omega + \mathrm{m}'\Omega' + \Sigma_\nu \mathrm{m}_\nu \Omega_\nu, \qquad (\nu = 1, 2, \cdots \varrho).$$

Da es nun, wenn die Wahl der Grösse $2\tilde{\omega} = 2m\omega + 2m'\omega'$ keiner Beschränkung unterliegt, stets möglich ist, solche Integrationswege anzugeben, für welche eine beliebige der Zahlen $m, m', m_1, m_2, \cdots m_\varrho$ den Werth 1, alle übrigen aber den Werth 0 erhalten, so bilden die Grössen $\Omega, \Omega', \Omega_1, \Omega_2, \cdots \Omega_\varrho$ ein System primitiver Perioden der Function $\int \varphi(u)\,du$, aus denen sich alle anderen Perioden dieser Function durch Addition und Subtraction zusammensetzen lassen.

Zum Zwecke der Darstellung der Function $\varphi(u)$ in der im Art. 16 (3.) angegebenen Form können die Grössen v_μ so gewählt werden, dass jede derselben innerhalb des durch die Werthe $u_1, u_1 + 2\omega, u_1 + 2\omega + 2\omega', u_1 + 2\omega'$ bestimmten Periodenparallelogramms

$$u = u_1 + 2t\omega + 2t'\omega' \qquad (0 < t < 1,\ 0 < t' < 1)$$

liegt.

Wird die veränderliche Grösse v gleichfalls der Beschränkung unterworfen, innerhalb dieses Periodenparallelogramms zu liegen, so ergeben sich die Gleichungen

$$\frac{\partial}{\partial v}\int_{u_1}^{u_1+2\omega} \frac{\sigma'}{\sigma}(u-v)\,du = -2\eta_1, \qquad \frac{\partial}{\partial v}\int_{u_1}^{u_1+2\omega'} \frac{\sigma'}{\sigma}(u-v)\,du = -2\eta_1'$$

und, wenn v', v'' ebenfalls dem Inneren des erwähnten Periodenparallelogramms angehören,

$$(4.) \qquad \left\{ \begin{aligned} \int_{u_1}^{u_1+2\omega} \left[\frac{\sigma'}{\sigma}(u-v'') - \frac{\sigma'}{\sigma}(u-v')\right] du &= -2\eta_1(v''-v'), \\ \int_{u_1}^{u_1+2\omega'} \left[\frac{\sigma'}{\sigma}(u-v'') - \frac{\sigma'}{\sigma}(u-v')\right] du &= -2\eta_1'(v''-v'). \end{aligned} \right.$$

Da der Gleichung (1.) des Art. 56 in Folge der Relation $\Sigma_\mu C_\mu = 0$ die Form

$$(5.) \qquad \varphi(u) = C_0 + \Sigma_\mu C_\mu \left[\frac{\sigma'}{\sigma}(u-v_\mu) - \frac{\sigma'}{\sigma}(u-v')\right] - (\Sigma_\mu C_\mu')\frac{d}{du}\frac{\sigma'}{\sigma}(u) + \frac{d\varphi_1(u)}{du}$$

gegeben werden kann, so ergeben sich aus den Gleichungen (4.) für die Perioden Ω, Ω' folgende Ausdrücke:

$$(6.) \qquad \Omega = 2C_0\omega - 2(\Sigma_\mu C_\mu v_\mu + \Sigma_\mu C_\mu')\eta_1, \qquad \Omega' = 2C_0\omega' - 2(\Sigma_\mu C_\mu v_\mu + \Sigma_\mu C_\mu')\eta_1'.$$

Durch die Gleichungen (1—6.) ist die Aufgabe der Bestimmung der Perioden der aus der elliptischen Function $\varphi(u)$ entspringenden Integralfunction $\int\varphi(u)\,du$ in allgemeinster Weise gelöst.

59.

Diese allgemeine Bestimmung der Perioden soll jetzt für die Normalform des elliptischen Integrals dritter Art specialisirt werden.

Die Grösse v möge, wenn α, β zwei reelle Grössen bezeichnen, auf die Form $2\alpha\omega + 2\beta\omega'$ gebracht werden; mit α_0, β_0 mögen diejenigen ganzen Zahlen bezeichnet werden, für welche die Differenzen $\alpha-\alpha_0, \beta-\beta_0$ nicht negativ und kleiner als 1 sind.

Unter dieser Voraussetzung bestehen, wenn $\varepsilon, \varepsilon'$ positive Grössen von angemessener Kleinheit bezeichnen, folgende aus den im vorhergehenden Art. entwickelten allgemeinen Formeln durch Specialisirung sich ergebende Gleichungen:

$$(1.)\quad \int_{\varepsilon'\omega'}^{\varepsilon'\omega'+2\omega} \frac{1}{2}\,\frac{\wp'u+\wp'v}{\wp u-\wp v}\,du = -2\eta_1 v + 2\omega\frac{\sigma'}{\sigma}(v) + 2(\beta_0+1)\pi i, \qquad \text{wenn } \beta-\beta_0>0 \text{ und } 0<\varepsilon'<2(\beta-\beta_0).$$

$$(2.)\quad \int_{\varepsilon\omega}^{\varepsilon\omega+2\omega'} \frac{1}{2}\,\frac{\wp'u+\wp'v}{\wp u-\wp v}\,du = -2\eta_1' v + 2\omega'\frac{\sigma'}{\sigma}(v) - 2(\alpha_0+1)\pi i, \qquad \text{wenn } \alpha-\alpha_0>0 \text{ und } 0<\varepsilon<2(\alpha-\alpha_0).$$

$$(3.)\quad \int_{-\varepsilon'\omega'}^{-\varepsilon'\omega'+2\omega} \frac{1}{2}\,\frac{\wp'u+\wp'v}{\wp u-\wp v}\,du = -2\eta_1 v + 2\omega\frac{\sigma'}{\sigma}(v) + 2\beta_0\pi i, \qquad \text{wenn } 0<\varepsilon'<2-2(\beta-\beta_0).$$

$$(4.)\quad \int_{-\varepsilon\omega}^{-\varepsilon\omega+2\omega'} \frac{1}{2}\,\frac{\wp'u+\wp'v}{\wp u-\wp v}\,du = -2\eta_1' v + 2\omega'\frac{\sigma'}{\sigma}(v) - 2\alpha_0\pi i, \qquad \text{wenn } 0<\varepsilon<2-2(\alpha-\alpha_0).$$

Das Bestehen der Gleichung (1.), beziehungsweise der Gleichung (2.), ist an die Bedingung geknüpft, dass $\beta-\beta_0$, beziehungsweise $\alpha-\alpha_0$, einen von Null verschiedenen Werth hat; ist hingegen $\beta-\beta_0=0$, beziehungsweise $\alpha-\alpha_0=0$, so bestehen die Gleichungen:

$$(5.)\quad \int_{\pm\varepsilon'\omega'}^{\pm\varepsilon'\omega'+2\omega} \frac{1}{2}\,\frac{\wp'u+\wp'v}{\wp u-\wp v}\,du = -2\eta_1 v + 2\omega\frac{\sigma'}{\sigma}(v) + 2\beta_0\pi i, \qquad \text{wenn } \beta=\beta_0,\ 0<\varepsilon'<2,$$

$$(6.)\quad \int_{\pm\varepsilon\omega}^{\pm\varepsilon\omega+2\omega'} \frac{1}{2}\,\frac{\wp'u+\wp'v}{\wp u-\wp v}\,du = -2\eta_1' v + 2\omega'\frac{\sigma'}{\sigma}(v) - 2\alpha_0\pi i, \qquad \text{wenn } \alpha=\alpha_0,\ 0<\varepsilon<2.$$

60.

Zur Bestimmung der Werthe, welche die Integrale

$$\int_0^{\omega} \frac{\wp' v}{\wp u - \wp v}\, du, \qquad \int_0^{\omega'} \frac{\wp' v}{\wp u - \wp v}\, du$$

annehmen, wenn die Integrationen der getroffenen Festsetzung zufolge auf directem Wege ausgeführt werden, kann folgende, von den in den beiden vorhergehenden Artikeln enthaltenen Untersuchungen unabhängige Schlussweise dienen.

Aus Art. 11 (3.) ergibt sich die Formel

$$(1.) \qquad \int_0^{u} \frac{\wp' v}{\wp u - \wp v}\, du = \log \frac{\sigma(v+u)}{\sigma(v-u)} - 2u\,\frac{\sigma'}{\sigma}(v).$$

Die Grösse v möge, wenn α, β zwei reelle Grössen bezeichnen, auf die Form $2\alpha\omega + 2\beta\omega'$ gebracht werden; mit α_0, β_0 mögen diejenigen ganzen Zahlen bezeichnet werden, für welche die Grössen $\alpha - \alpha_0$, $\beta - \beta_0$ nicht negativ und kleiner als 1 sind.

Damit das erste, beziehungsweise das zweite der beiden zu Anfang dieses Art. betrachteten Integrale eine bestimmte Bedeutung habe, darf die Grösse $\beta - \beta_0$, beziehungsweise die Grösse $\alpha - \alpha_0$ nicht gleich Null sein.

Aus Gleichung (1.) ergeben sich die Ausdrücke

$$(2.) \quad \int_0^{\omega} \frac{\wp' v}{\wp u - \wp v}\, du = 2\eta_1 v - 2\omega\,\frac{\sigma'}{\sigma}(v) + \mathrm{n}\pi i, \qquad \int_0^{\omega'} \frac{\wp' v}{\wp u - \wp v}\, du = 2\eta_1' v - 2\omega'\,\frac{\sigma'}{\sigma}(v) + \mathrm{n}'\pi i,$$

wo n, n′ ungrade ganze Zahlen bezeichnen.

Wenn die Grösse v von dem Werthe $2\alpha\omega + 2\beta\omega'$ ausgehend auf directem Wege in den Werth $(2\alpha_0 + 1)\omega + (2\beta_0 + 1)\omega'$ übergeht, so können sich die Werthe der beiden bestimmten Integrale und die Werthe der Ausdrücke

$$2\eta_1 v - 2\omega\,\frac{\sigma'}{\sigma}(v), \qquad 2\eta_1' v - 2\omega'\,\frac{\sigma'}{\sigma}(v)$$

nicht anders als stetig ändern; bei diesem Uebergange behalten daher die beiden ganzen Zahlen n, n′ ihre Werthe unverändert bei. Wenn aber der Grösse v der Werth $(2\alpha_0 + 1)\omega + (2\beta_0 + 1)\omega'$ beigelegt wird, so nehmen die beiden bestimmten

Integrale den Werth 0, die Ausdrücke

$$2\eta_1 v - 2\omega \frac{\sigma'}{\sigma}(v), \qquad 2\eta_1' v - 2\omega' \frac{\sigma'}{\sigma}(v)$$

beziehlich die Werthe $(2\beta_0 + 1)\pi i$, $-(2\alpha_0 + 1)\pi i$ an, es ergeben sich also für die ganzen Zahlen n, n' die Werthe

$$(3.) \qquad \mathrm{n} = -(2\beta_0 + 1), \qquad \mathrm{n}' = 2\alpha_0 + 1.$$

Unter Zugrundelegung der speciellen Voraussetzungen, dass $\beta_0 = 0$ ist, beziehungsweise dass $\alpha_0 = 0$ ist, ergeben sich folgende specielle Gleichungen:

$$(4.) \qquad \int_0^{\omega} \frac{-\wp' v}{\wp u - \wp v}\, du = 2\eta_1 v - 2\omega \frac{\sigma'}{\sigma}(v) - \pi i, \quad v = 2\alpha\omega + 2\beta\omega', \qquad (\alpha \text{ beliebig}, \ 0 < \beta < 1),$$

$$(5.) \qquad \int_0^{\omega'} \frac{-\wp' v}{\wp u - \wp v}\, du = 2\eta_1' v - 2\omega' \frac{\sigma'}{\sigma}(v) + \pi i, \quad v = 2\alpha\omega + 2\beta\omega'. \qquad (0 < \alpha < 1, \ \beta \text{ beliebig}).$$

61.

Es kommt mitunter vor, dass eine elliptische Function $\varphi(u)$, zu welcher die Integralfunction bestimmt werden soll, als Quotient zweier ganzen homogenen Functionen desselben Grades der vier σ-Functionen σu, $\sigma_1 u$, $\sigma_2 u$, $\sigma_3 u$,

$$\varphi(u) = \frac{G_1(\sigma u, \sigma_1 u, \sigma_2 u, \sigma_3 u)}{G_2(\sigma u, \sigma_1 u, \sigma_2 u, \sigma_3 u)},$$

gegeben ist.

Für jede solche Function ist mindestens eins der fünf Periodenpaare

$$(2\omega, 2\omega'), \qquad (4\omega, 2\omega'), \qquad (2\omega, 4\omega'), \qquad (4\omega, 2\omega + 2\omega'), \qquad (4\omega, 4\omega')$$

ein Periodenpaar des Argumentes.

Mit $(2\bar{\omega}, 2\bar{\omega}')$ möge irgend ein bestimmtes Periodenpaar des Argumentes der Function $\varphi(u)$ bezeichnet werden.

Wird nun die den Untersuchungen des Art. 56 und des Art. 58 zu Grunde gelegte Function $\sigma(u\,|\,\omega, \omega')$ durch die Function $\sigma(u\,|\,\bar{\omega}, \bar{\omega}')$ ersetzt, so kann die Function $\varphi(u)$ auf die im Art. 58 (5.) angegebene Form gebracht werden und es ergeben sich dann die Perioden der aus der Function $\varphi(u)$ entspringenden Integralfunction $\int \varphi(u)\, du$ aus den in demselben Art. entwickelten Gleichungen.